关中地区城市扩张与农地保护

——两难到双赢的抉择

贺晓英 著

中国农业出版社

图书在版编目（CIP）数据

关中地区城市扩张与农地保护：两难到双赢的抉择/贺晓英著．——北京：中国农业出版社，2015.8
ISBN 978-7-109-20854-4

Ⅰ.①关… Ⅱ.①贺… Ⅲ.①城市扩展—研究—陕西省②农业用地—土地管理—研究—陕西省 Ⅳ.①F299.274.1②F321.1

中国版本图书馆 CIP 数据核字（2015）第 202524 号

中国农业出版社出版
（北京市朝阳区麦子店街 18 号楼）
（邮政编码 100125）
策划编辑 赵 刚
文字编辑 边 疆

中国农业出版社印刷厂印刷 新华书店北京发行所发行
2015 年 8 月第 1 版 2015 年 8 月北京第 1 次印刷

开本：850mm×1168mm 1/32 印张：8.625
字数：180 千字
定价：32.00 元

本书的出版受到陕西省科技厅软科学研究计划—面上项目《陕西省农村闲置住房治理的制度安排研究》（编号 2015KRM071）和陕西省教育厅专项科研计划项目《城镇化过程中的农民土地退出机制研究》（编号 13JK0150）的资助

内　容　简　介

关中地区是陕西的工、农业发达地区，也素有陕西“粮仓”之称。无论是城市扩张还是农地保护，对于关中地区来说都是当前阶段非常重要的发展命题。随着以西安为核心的关中城市群建设深入推进，大中城市的不断扩容和更多新兴小城镇的崛起，从事非农产业的城镇人口增加和从事农业的农村人口减少，城市用地还将进一步扩张。有限土地的供应与城市扩张需求间的不平衡将使得农业与非农业用地之间用途竞争异常激烈。面临城市扩张的威胁，必须在充分掌握问题现状、发生原因的基础上，多方寻求解决城市发展与农地保护之间的矛盾，寻求有效的协调发展机制。

基于以上目的，本书首先探讨城市扩张对农地价值的经济影响，在我国城市土地扩张总体态势分析的基础之上，分析城市扩张与农地保护之间的相互影响，如城市扩张所造成的农地流失及其原因、城市扩张中农地保护面临的严峻形势。对关中地区城市扩张占用农地的状况，以及关中地区农地保护面临如水资源短缺、宅基地闲置等其他问题进行了更具体深入的分析，并以关中最大城市西安市为例，对城市扩张造成的农地流失现状及城市扩张占用农地的原因进行实证研究。在此基础上，系统研究美国、日本、印度等国家城市扩张中农地保护目标、实施体系、方法，认为美国调控型方法中的城市增长管理、规划的公众参与机制，政府参与型方法中征用的公平市价补偿、非营利农地保护组织参与，激励型方法中通过完善的市场基础，及根据地区差异采用组合型方法，都对关中地区有一定参考价值；而从日本、印度的经验可以看到，简单的土地私有化并不能解决问题，单纯靠行政管制和审批也是低效的，有效的制度安排与适度的市场化改革才是解决土地保护问题的可能途径。然后，对我国农地保护的目标及政策体系的历史演进进行了回顾与梳理，从耕地总量动态平衡制度、农地征用和土地市场、用途管制制度几个核心方面进行了评价，对城市扩张中导致农地保护失效的地方进行分析，剖析制度及政策成因，认为总量动态平衡的问题在于重视数量指标，对区位和质量指标要求不足，土地市场不健全，农地补偿难以体现农地的市场价值，农地增值收益分配不合理，基本农田的划定和操作缺乏标准化流程和评判指标，这些都是造成我国农地保护尚存在问题的制度原因。此外，有效的执行体系是制度得以落实的保障，通过几年间对关中地区农民的入户调查，对农地保护的各参与主体行为目标与特征及其农地保护认知和支付意愿进行分析，发现关中地区农地保护执行体系中也面临诸多问题。最后，在对中央政府、地方政府、农民之间博弈分析的基础上，提出了激励机制完善的思路，包括引入农地保持权和农地发展权的概念，改革土地增值收益分配机制，建立农民土地退出利益补偿机制，及进行市场体系建设，帮助农民增收。同时，也讨论了创新农地保护技术的方法，如通过改变城市扩张模式，建立紧凑型城市，广泛利用土地集约节约技术等。关中地区可以通过这些方法，实现城市扩张与农地保护的双赢。

目　　录

第1章　导　论

1.1　研究背景和目的

1.1.1　研究背景和意义

农地资源是农业生产的最基本要素，为人类提供生存和发展所需的粮食、蔬菜、水果、木材等基本农产品，具有不可替代性和不可再生性。同时，农地还具有净化空气、涵养水源、调节气候、防止水土流失、维护生物多样性等诸多生态效益，提供优美景观、休闲娱乐、环境舒适等社会效益。农地的减少势必会导致其附属的生产功能、生态功能和社会效益的消失或减少。因而，世界各国在工业化、城市化的发展过程之中，都普遍采取各种措施，控制城市化开发占用农地资源、保护优质农地资源用于农业生产，将农地保护当作关乎经济、社会和生态发展的重要问题来付诸努力。

全球粮食价格危机、世界范围的“粮荒”问题，无疑为人们再次敲响了粮食安全的警钟。对人多地少的我国来说，无论是从数量上还是质量上，资源拥有的客观现实决定保护稀缺的农地资源不仅是关系国计民生的头等大事，也是影响社会和经济可持续发展的重要因素。我国虽然土地资源总量居于世界前列，但是约 2/3 的土地是难以农业利用的沙漠、戈壁、冰川、石山、高寒荒漠等，在可供农业利用的土地中，耕地和林地所占比重相对较小。与大多数国家相比，我国农地特别是耕地总体质量水平较差。现有耕地中，66%分布在山地、丘陵和高原地区，全国优质耕地少，有水源保证和灌溉设施的耕地只占耕地总量的 39%，中低产田则占 61%[1]。在 4 424 万公顷宜农土地后备资源中，60%以上分布在西北地区，水资源相对短缺，生态环境脆弱，开发利用制约因素多[2]。同时，人口众多并且仍在持续增长的现实却使得人地矛盾更加突出。据耕地保护调研组的调研，1990 年全国耕地保有量为 13 440 万公顷，人均耕地 1.66 亩①，不及世界人均耕地 3.75 亩的 44%[1]。随着我国经济的快速增长，耕地保有量和人均耕地水平下降很快，1996 年人均耕地 1.59 亩，到 2009 年下降到 1.52 亩，不足世界人均耕地 3.38 亩的水平的一半。短期内期望通过大面积增加农地资源的方式来满足人民日益增长的食物需求几乎不太可能，保护现有的稀缺优质农地资源，则显得尤为迫切。从历年数据分析，耕地减少主要由生态退耕、建设占用、灾害损毁引起。生态退耕地区本就是不适宜农业耕作的 25°以上的坡耕地，退耕有利于生态的保护和恢复，对减少自然灾害的发生也有一定作用。由此看来，农地大规模非农转用才是农地保护面临的并可以控制的主要威胁。

城市化是非农产业、人口在一定地域内的聚集，它所带来的产业聚集效应将极大地拉升经济增长，这也已为世界各国的发展经验所证实。因此，近年来，我国也把提升城市化

① 亩为非法定计量单位，1 亩=667 平方米，下同。

水平作为一个衡量经济发展的指标，20世纪80年代和90年代前期，积极推动了“离土不离乡”、非集中式的乡村城镇化和中小城镇优先的发展战略，作为缓解“三农”困境、解决农村剩余人口流动的一个积极策略。1998年明确提出“城镇化”战略，城市化更是进入了加速发展的快车道。截至2003年，我国设市城镇660个，建制镇20 601个，分别比1949年增加了524个和15 000个。城镇人口由5 764万人增加到了51 782万人[3]。根据国家统计局相关数据显示，1951—2006年，我国的城市化率从11.8%提高到了53.7%①。

伴随着我国城市化、工业化进程的不断加速，城市的人口规模和城市用地不断扩张，对农地保护形成了严峻的挑战，二者之间的矛盾也不断尖锐。在城市加速扩张的进程中，已经出现了农地资源大规模被转用作建设用地、农地使用浪费、质量下降及大量失地农民等问题，农地保护面临着来自城市建设占用和参与主体保持农地动力不足的双重压力。一方面，城市的发展必然要以土地为依托，随着大量的人口涌向城市，产业不断向城市聚集，为满足增加人口的生产活动和生活所需的住宅、休闲、工矿企业和城市交通基础设施建设等也在不断增加。根据《中国环境状况公报》资料统计，1980—1993年，我国城市建成区总面积从约6 500平方千米增加到17 400平方千米，2003年年底城市建成区面积已扩张至28 310平方千米。截至2013年年底，我国有地

① 根据《中国统计年鉴》数据测算。

级及以上城市数 290 个，城市建成区面积 47 108.5 平方千米，从 2004 年到 2013 年城市建成区面积增加了 16 327.22 平方千米。据《2008 年中国城市竞争力蓝皮书：中国城市竞争力报告》预计到 2030 年，城市化率将达到 65%以上，城市人口将达 10 亿人左右，城市数量达到 1 000 个左右，小城镇达 1 500～2 000 个。《2001—2002 年城市发展报告》则预测，至 2050 年，中国城镇化率将达到 75%。可以预见，要满足发展的需要，城市用地规模还将进一步扩张。并且城市多发展于生产生活便利、土地平整易用，交通条件良好的地方，而这些地方一般都是土壤、光、水、热条件较好、特别适宜农业发展的高产良田和蔬菜用地，城市的规模扩张不可避免地侵占外围的优质农地资源，直接导致大量的农田被建设项目所占用、耕地面积持续减少。据统计，我国现有的城市建设和发展 80%是在增量土地上进行，其中 60%以上被占用的土地为长期耕作的良田。1996—2006 年的 10 年间，我国耕地共减少了 826.67 万公顷，平均每年建设占用耕地为 15.8 万公顷。2006 年以来，我国耕地减少的过快势头得到了一定的控制，同时通过土地整理等方式补充了一定量的耕地，但是从 2006 年至 2012 年年底，我国耕地面积又减少了 1 226.67 万公顷①。这其中既有合理的用地扩张需求，也有以利益驱动的盲目圈占耕地行为，造成以土地低密度开发为特征的城市蔓延状况，进一步产生交通拥堵、景观破坏、环境污染等一系列环境和社会问题。

① 根据历年国土资源公报整理。

另一方面，伴随着农业用地被城市化建设大量征用，全国已经并将继续出现大量失地农民，如果不能妥善安置并保障其各项权益，将极易引发社会政治和经济问题；并且随着城市非农就业机会的增加，农地经营相对于非农经营的低收益，大量农村青壮年劳动力纷纷进城务工，导致农地大量被撂荒现象。因而，城市扩张与农地保护是一项系统工程，从20世纪80年代起，我国政府就为保护有限的农地资源出台了许多积极的政策，把耕地保护作为一项基本国策，将保证粮食安全作为农地保护的首要目标，实行最严格的土地管理制度，然而，农地尤其是耕地的保护形势并不容乐观。“坚守18亿亩耕地红线”，成为我国政府农地保护的一个明确约束性指标。《全国土地利用总体规划纲要（2006—2020年)》，要求2010年和2020年全国耕地保有量分别保持在18.18亿亩和18.05亿亩。而2010年7月中国社科院发布的《城市蓝皮书：中国城市发展报告No.3》认为，我国城市可用土地资源也已接近极限，中国粮食安全需要保持耕地红线，必须保留自然生产力高的土地。东南沿海地区，长三角、珠三角地区的可用土地已开发殆尽，城市即使想外延扩张，也没有土地空间。既要保证经济发展、城市合理扩张的用地需求，又要保证优质的农地资源用于农业生产、避免城市的蔓延；既要促进剩余劳动力向城市的合理流动，又要保护农民权益、激励其保持农地的动力。以上这些亟待解决的问题，既需要政府合理决策，制定系统的政策，又需要保证政策的有效执行。

关中地区位于陕西中部，沿渭河和陇海铁路线，是我国农业文明的发祥地，素有八百里秦川、陕西“粮仓”之称，总面积555万公顷，包括西安、铜川、宝鸡、咸阳、渭南五市及国家级杨凌农业高新技术产业示范区，是陕西的工、农业发达，人口密集地区，陕西全省的重要大企业、87%的高等院校和78%的科研院所均集中于此，以文物古迹为代表的旅游资源也极其丰富。无论是城市扩张还是农地保护，对于关中地区来说都是当前阶段非常重要的发展命题。由于陇海铁路的牵动和近几年城市建设的加快，目前关中地区已形成了以西安为中心的城市带，成为陕西重要的加工工业基地。关中地区除西安外，还兴起了宝鸡、咸阳、渭南、铜川等城市和蔡家坡、韩城、潼关、华阴等一批工业城镇，形成基础设施良好、经济实力颇为雄厚的工业带和城市群，在全省经济社会发展中起着带动东西、辐射南北的重要作用，城市化发展的步伐在不断加快。在种种形势之下，如何既保证城市的合理扩张，又能实现对关中地区优质农地资源的保护，使城市扩张与农地保护这一两难抉择成为双赢的结果，是急需研究的紧迫课题。

学术界分别围绕“农地保护”和“城市化”这两个命题的研究相当丰富，但对于城市化有利于还是有碍于农地保护却存在争议和分歧。本书通过对城市扩张引发农地流失的原理进行分析，并从土地利用的原理出发，研究农地保护的概念内涵、经济学意义，为农地保护的基础理论研究做出贡献。对农地保持权、农地发展权概念的阐释与引入，也有一定的理论意义。另外，从行为研究的角度出发，对城市扩张中农地保护相关主体的行为目标、目标的一致与冲突及行为特征进行全面分析，并通过中央政府、地方政府和农民行为的博弈分析，不同主体的支付意愿评估，为关中地区城市扩张背景下的农地保护机制构建提供理论支撑。

在分析美国、日本、印度城市扩张中农地保护方法系统研究的基础之上，比较分析我国城市扩张造成农地流失背后的制度体系和执行体系中的不足，从目标上、调控机制上、激励机制及组织建设上，为农地保护机制建立提出思路，有利于指导关中地区农地保护的实践。

1.1.2 研究目的

当前，我国整体已进入城市化建设的加速时期，理论上表明，由于城市本身是集约化的空间组织形式，城市容纳人口比乡村容纳人口多，城市人口的人均占地面积小于乡村人口的占地面积，因此城市化有助于缓解用地紧张。依此推论，随着我国城市化水平的不断提高，城市土地利用的集约度提高，建设占用农地应该是逐渐减少的，有利于农地保护，但我国的事实却似乎证明并非如此。那么，究竟是什么原因导致了我国的城市不断扩张、而农地不断流失，面临城市扩张的压力，我国该如何建立起农地保护的长效机制，实现城市的长远发展与农地保护的有机结合，达到经济效益、社会效益、生态效益相统一，尤其对于关中地区来说，如何实现城市扩张与农地保护的双赢，这便是本书的研究目的。具体来说，包括：

1. 分析城市扩张中农地保护面临的严峻态势

基于我国城市扩张及其造成农地流失的态势的分析，以关中地区为例探讨城市扩张造成农地过度流失的原因。只有对城市扩张中农地保护面临的问题现状进行充分的把握，才能使后续方法的提出有较强的针对性。

2. 深刻剖析城市扩张造成农地流失背后的制度与人为成因

现象与问题的产生一定有其深层的制度根源，制度的实施效果又有赖于执行主体的行为。因而通过关中地区的入户调查、实证与规范分析，对我国相关农地保护制度的分析梳理，对农地保护 相关主体的行为规律与问题进行揭示。

3. 寻求城市扩张中农地保护的长效机制

在前述分析的基础上，提出解决的方案。城市化开发及扩张所引起的农地流失现象并不是中国所独有的现象，在发达国家的城市化进程中，同样出现过类似的问题，只不过他们因为早于中国面临该问题，采取的一系列方法与措施可对我国提供借鉴。同时，我国的城市扩张所造成的农地流失问题又有着自身的特殊性，需要具体分析、具体对待，寻求适合中国的农地保护机制。借鉴在城市扩张中发达国家及类似人地状况国家的农地保护的经验，结合我国制度体系及执行体系中的问题与不足，从目标设计、调控机制、激励约束机制及主体完善几个侧面，为关中地区提出应对城市不断扩张下的农地保护机制，不是应时之需的权宜之计。同时希望对于现阶段中国经济的稳定增长和农地保护政策的合理制定和执行，提供一定的理论依据和技术支撑。

4. 为关中地区城市化快速发展过程中的农地资源有效保护提供思路和建议

随着西部大开发战略的推进、“一路一带”战略构想的建设、关中—天水国家级经济区的规划实施，关中地区正在进入城市化加速发展的时期。同时，关中地区也素有陕西“粮仓”之称，陕西的大量优质农地都集中于此，保护这些优质农地用于农业生产，是关系到子孙后代可持续发展的重要保障。基于对关中地区城市扩张的现状、原因的分析，为关中地区提出农地资源集约利用、合理保护的有效途径。

1.2 研究思路和方法

1.2.1 研究思路

研究思路遵循提出问题、分析问题、解决问题的逻辑思路（图 1-1）。

1. 提出问题

在对国内外相关研究文献进行述评的基础上，提出研究问题的背景及目的。

2. 分析问题

首先，对研究的相关概念内涵、应用的理论基础、影响因素等进行理论探讨，形成研究分析的理论基础与逻辑起点。其次，通过规范分析和实证分析研究城市用地扩张对农地保护的影响，通过关中地区城市扩张现状论述城市扩张对农地保护造成的影响及其原因。研究其他国家城市扩张中农地保护的法规调控体系、激励机制、政府参与方式、组织管理体系的优势与特点，寻找相应的启示。然后，通过对我国农地保护相关的政策体系梳理、参与主体行为规律的分析，发现弊端与问题及其深层致病机理，即是什么原因和是谁的行为导致了问题的产生。

3. 解决问题

在界定了问题是什么、为何会产生、是谁的行为导致、别人是怎么做的，最后，便是设计解决的方案。从国家的角度入手，通过目标设计、政策法规调控体系、激励机制的构建、执行与实施平台完善，从关中地区特有的城市扩张现状出发为关中地区城市扩张中农地保护长效机制的构建提供思路。

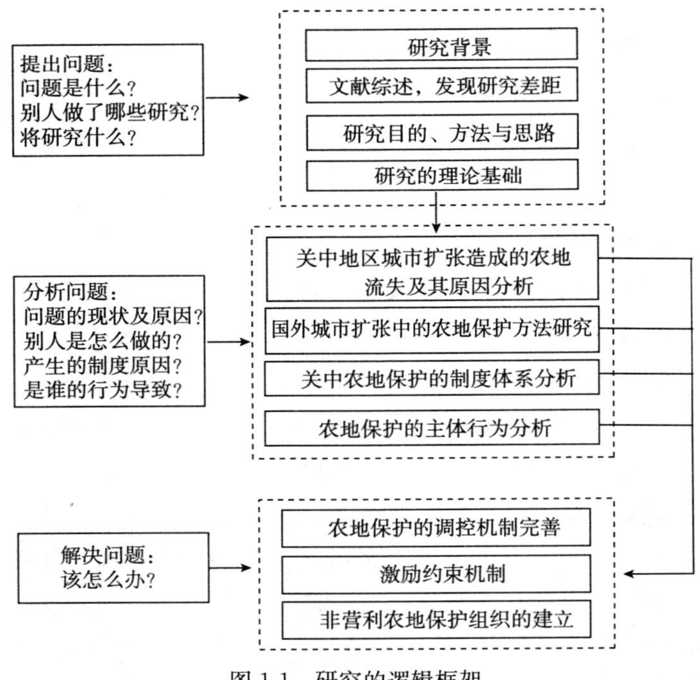

图 1-1　研究的逻辑框架

1.2.2　研究内容

具体研究内容安排如下：

第一章，导论。论述研究选题的背景和意义，对国内外研究动态进行回顾和评述，概括本研究的内容、思路、方法、研究路线及可能的创新之处。为本研究的展开提供铺垫，从总体上把握研究的方向和深度，并解释研究内容、思路和方法的逻辑思路和合理性。

第二章，文献回顾与理论概述。首先对农地保护及城市扩张的概念内涵进行了界定；其次，通过影响土地利用的因素、土地最佳用途的衡量、农地保护的经济学解释，以及影响农地保护的现实制约因素的分析，建立分析框架。

第三章，关中地区城市扩张中农地保护面临的严峻趋势。本章首先对我国城市扩张的总体态势及其造成的农地流失现状及原因进行分析。然后对关中地区城市扩张占用农地状况及农地保护面临的其他威胁进行了具体分析，并且以西安市为例，对城市扩张的现状、对农地保护造成的影响及产生的原因进行实证分析。

第四章，国外城市扩张中的农地保护方法研究。本章分析了美国、日本、印度农地保护的方法。从美国农地保护目标、实施体系、方法与评价上，系统地分析和评价美国农地保护方法；同时也对日本提高农地经营效率的方法进行了分析，为后续我国城市扩张中农地保护机制的研究提供思路借鉴。

第五章，我国农地保护制度体系分析。前面的分析表明城市扩张造成农地不断流失，本章探讨现象背后的制度与政策原因，在对我国现有农地保护目标及政策体系分析的基础上，剖析农地保护实施效果不理想的制度根源。

第六章，关中地区农地保护参与主体及其行为特征分析。农地保护工作的展开有赖于各参与人的作为，各参与人的行为直接关系到农地保护的效果，也关系到国家各项制度、方针、政策执行的各个环节。本章对农地保护的各参与主体的行为目标与特征进行分析，并以关中地区 3 次调查结果的分析，发现关中地区农地保护执行体系中的问题和不足。

第七章，关中地区城市扩张与农地保护的双赢策略。在前面研究基础上，借鉴国外农地保护的宝贵经验，结合我国农地保护目标控制、规划、征用、管制中存在不足的分析，以及在关中地区所进行的具体调研分析结果，从制度层面、组织层面和技术层面寻求关中地区实现城市扩张与农地保护的双赢策略。

1.2.3 研究方法

1. 文献阅读法

大量并深入阅读相关文献，紧密跟踪国内外研究动态，全面掌握国内外研究的最新成果以及当前形势，保证研究与当前研究的同步性、研究的实用性和前沿性。

2. 实证分析与规范分析相结合的方法

对城市扩张与农地保护的关系，不仅要借助于规范分析，还需要利用实证数据进行展现，才能真正把握现状。利用数据图表和计量模型研究城市扩张与农地保护的相互关系，以西安市为例进行了实证研究。

3. 案例调查法

采用问卷调查和一对一面谈的方法，对关中地区的西安、宝鸡、铜川、咸阳、渭南、杨凌区进行了数次入户调查，对农地保护中农民、政府管理者、普通居民的农地保护认知度及农地保护支付意愿（WTP）、农地保护的非市场价值、土地退出意愿进行了分析和评估。

4. 比较分析法

在对美国、日本、印度城市扩张中农地保护方法系统分析的基础上，逐一探讨中国农地保护目标、管理体系、及调控、激励、政府参与方面的不足，寻找可能的借鉴。

1.2.4 数据来源

1. 公开数据

研究采用的公开数据主要来源于相应年份的《中国统计年鉴》,《国土资源公报》,《中国城市统计年鉴》；西安市的公开数据来源于相应年份的《陕西省统计年鉴》,《西安市统计年鉴》；杨凌区的数据来源于《杨凌区统计公报》。

2. 调研数据

研究中实证部分数据，关中地区数据主要来源于陕西省国土资源厅土地详查数据集和实地问卷调查。

1.3 本书的主要创新与不足

1.3.1 主要创新

1. 提出了数量、质量、生态三位一体保护和将城市理性增长与农地保护融合的农地保护目标设计，在后续的调控机制、激励机制及保护组织的建设中，对如何融入这些目标都作了具体分析。

2. 构建了中央政府、地方政府和农民在农地保护中的利益博弈模型，分析得出较优的博弈均衡结果是中央政府改进激励政策、地方政府少占农地、农民保护农地，在此基础上，对我国农地保护的激励机制建设进行了设计。提出了农地保持权的概念，并具体从农地保持权和农地发展权的设置、运用、激励上对土地增值收益分配机制的改革提出了具体对策。

3. 在前面对中央政府、地方政府和农民在农地保护中行为特征和各主体农地保护认知与支付意愿调查实证分析的基础上，发现在农地保护中，对地方政府行为约束不力、对农民行为激励不足是中央政府各项政策执行效果不尽如人意的重要原因。提出第三方农地保护非营利组织参与农地保护的设想，并对农地保护非营利组织的设置、职责、运行做出了具体的设计。

1.3.2 主要不足

关于农地保护，我国实施的动态“占补平衡”政策。质量较差的农地变优地需要一个肥力培育的过程。对于加快补充耕地肥力或质量提高的技术和制度需要着力探讨和加强。

对于西北地区来说，淡水资源是比土地更为稀缺的资源。关中地区地处西北，发展中水资源的限制不仅是制约该地区城市规模发展的主要因素，也是农地保护面临的主要障碍之一，对于如何解决此问题本书没有做深入的探讨。

农地保护是一项长期的、动态的系统工程，本书仅对我国的农地保护目标、政策体系和一些相关主体的行为进行了分析，并提出了一些建议。由于研究水平有限，对农地保护中的一些问题，例如规划究竟如何动态适应城市发展等，没有深入展开，这些都需要在今后的研究中继续深入。

第2章　文献回顾与理论概述

当阅读相关文献时，会发现学术界对农地和耕地、农地保护和耕地保护时而混为一谈，时而又分别表述，因而首先需要对这些基本概念进行清晰的界定与把握。本章首先对农地资源、农地保护及城市扩张的概念内涵进行了界定，然后通过影响土地利用的因素、土地最佳用途的衡量、农地保护的经济学解释，以及影响农地保护的现实制约因素的分析，为全书研究建立分析基础。

2.1　相关概念界定

2.1.1　农地保护

保护的解释是"看守住、护着使不受损害或丧失"。农地保护的目的是为实现农地资源的合理利用，因而不能简单地将农地保护理解为数量上的管控，而应是包括质量上的保护，进而达到农地（区域）整体生态系统与环境的保护，最终，实现资源的优化配置，保证可持续发展。

尽管我国相关法规对于耕地与农地的概念已经有清晰的界定，但是通过阅读相关文献，发现有的学者所讲的农地保护是指耕地，有的指的是农地，本书所研究的农地保护中农地的概念与我国《全国土地分类》中的农地概念相一致。在实证研究时由于资料的可获性，将集中于耕地资源的分析，但研究结论适用于所有农地。

农地资源总量供给的稀缺性，农地非农转用的不可逆性，与地球生态大系统的强关联性，以及人口增长对粮食以及非农建设用地需求的持续增长，决定了对农地保护的必要性。首先，拥有足够数量的农地资源是保持社会和经济可持续的基础，农地的不合理利用会导致土壤破坏、污染、质量下降，进而影响农地的产出能力。因此，保护农地数量的不减少、质量的不下降是保证粮食安全、社会稳定的重要要求。其次，农地是由气候、植被、微生物、土壤、地貌、水文等多种自然要素构成的生态系统，农业栽培和养殖活动等都是在这个生态系统中进行的，生态系统诸多要素之间相互影响、相互关联，一个要素的变化甚至会在更大的系统内产生环境影响，同时还会产生一些外生的环境效益，如优美的农田景观、开放的户外空间等，因此保护农地也是保护生态和环境。

2.1.2 城市扩张

城市数量的迅速增长是我国 1978 年改革开放以后城市化进程加快的基本特征。城市数量增加的同时，人口规模和结构也发生着急剧的变化。随着城市的数量和规模不断扩大，人口不断向城市集中，城市物质文明和文化不断扩散，越来越多的人去从事非农业生产活动，从而要求增加更多的非农业生产用地，如更多的居住用地、交通用地和商业以及娱乐、休闲等，因此与人口增长显著对应的便是城市用地规模的较大程度增加。

城市一般发展于地势平坦、交通便利、水源充足、土壤肥沃的地区，城市增长必然会造成部分农地的非农转用，也即农用地转变用途，成为居住、交通、工业、商业服务业等建设用地。农地非农转用的实质是土地资源在各产业间的再分配，是土地的两种用途“农业利用和建设利用”之间竞争配置的过程[4]。

城市用地的扩张可以通过两种形式：一种是在中心城区挖掘潜力，增加人口密度，提高用地集约度；还有一种就是城市建成区不断向外围农村扩张。在西方，城市空间的低密度扩张通常被称作“城市蔓延”。

2.2　城市化与农地保护的相关文献综述

2.2.1　城市化对农地保护的影响研究

近年来，中国的城市化发展举世瞩目，国内学者对城市化对于农地保护的影响也有了一些研究，但是观点上存在着较多的分歧，有的认为由于城市增长并不是耕地减少的主因，所以大力推进城市化有利于缓解耕地紧张状况；有的则认为城市化加剧了耕地紧张状况。北美和欧洲等发达资本主义国家城市化开展较早，城市化及其相关土地开发所造成的农地流失也较早引起了关注，学者们的研究大部分是从城市扩张对农业活动所产生的影响出发。

2.2.1.1　国内研究

一类观点认为城市化有助于减少耕地的流失。例如，贾绍凤等（1997）[5]认为由于城镇的人均建设用地少于农村，人口城镇化和劳力非农化不仅不会增加耕地占用，而且还会节约耕地。经过测算，指出每增加一个城镇人口少占用

47.5%的耕地。吴群、郭贯成（2002）[6]运用相关系数回归对江苏省城市化水平与耕地面积的关系进行了分析，认为城市化发展有利于保护耕地。宋戈等（2006）[7]认为随着城镇化水平的提高，长期来看，城镇化发展有利于耕地保护。朱莉芬（2007）[8]用土地利用遥感数据和社会经济统计数据建立计量经济模型对我国东部 14 省城镇化对耕地的影响进行实证分析，结果表明经济发展是影响耕地变化的主要决定因素，虽然城镇化对耕地变化有一些影响，但影响并不大，而且不同城镇化模式对耕地的影响是不同的。在其他条件一样的情况下，相对于农村建设用地而言，城镇化对耕地减少还起到一些缓解的作用。

另一类则认为城市扩张和蔓延会造成耕地资源的紧张。朱德举等（1996）[9]从“城市扩张”的观点探讨了城市扩张与农地保护的关系。从城市扩张的各种面向（如用地模式、评价标准、占用农地速度、扩张用地的构成、扩张方式）分析了城市扩张占用农地的内涵，接着分析了城市扩张失控的原因。认为城市用地扩张的合理性系数为 1.46，大于 1.12 的合理扩张水平，说明中国近年的城市扩张占地速度过快。封志明，李香莲（2000）[10]认为城镇化使耕地大量减少，进而影响到国家的粮食自给能力。蔡运龙（2002）等也认为城镇扩张必然导致优质耕地的流失，从而影响到国家的粮食安全[11]。季建林（2001）[12]认为小城镇发展规模小而分散，缺乏重点，遍地开花，占地过多，对耕地减少的影响很大。谈明洪等（2004，2005）[13][14]认为大城市交通和服务建设占地多，是耕地减少的主要原因，并且我国部分地区城镇人均用地和农村人均居住用地的差距不大，城市用地的扩张会导致耕地资源的紧张。王秀兰（2007）[15]，汪子一（2008）[16]探讨了城乡结合部的农地非农化问题，认为该区域是农地非农化最集中的区域，土地用途和地产竞争激烈。

赵可（2011）等研究了全国城市建设用地扩张与影响因子之间的关系，认为城市建设用地面积的扩展，研究期内年均增长率达到5.19%，略高于中部地区。城市人口的增加极大地促进了城市建设用地的扩张，弹性系数为0.795 4，表明城市人口每增加10%，城市建设用地面积将增加7.95%[17]。

究竟如何处理“吃饭”与“建设”之间的矛盾，一些学者也提出建议。谭荣（2006）[18]认为应根据土地资源在非农部门和农业部门的边际收益相等的原则来确定最优的农地非农化数量。结合我国实际的非农化过程，把农地非农化的数量细分为代价性损失、过度性损失Ⅰ和过度性损失Ⅱ，过度性损失产生的主要原因是由于政府对土地市场价格的干预。并认为现阶段中国农地合理非农化的度可以设定为不超过实际非农化数量的78.3%。林燕华（2008）[19]研究了城市用地扩张的主要驱动力，通过城市建成区面积变化模型分析表明人口和GDP是我国城市建成区规模扩张的最主要驱动力，投资驱动型经济增长方式的用地需求十分旺盛；第三产业比重的提高有助于抑制城市用地扩张，认为大力扶持第三产业发展是控制用地需求的有效途径。

更多的学者则是基于各类统计资料和卫星遥感资料，对农地资源数量、质量时空及地域变化状况、趋势、影响及其驱动因素做了大量研究。李秀彬（1999）[20]利用统计普查数据分析了我国近20年来耕地面积变化的总体趋势、空间特征和驱动因子，发现减少的耕地主要是分布在东部地区质量较好的耕地，而增加的耕地主要是质量较差的边际土地。张凤荣（1998），[21]中国土地资源生产能力及人口承载量研究课题组（1992）[22]认为随着耕地数量的动态变化，耕地质量也不断下降，新增耕地质量不如占用耕地质量，后备耕地资源有限，且宜开垦土地多分布在经济落后、交通不便和自然条件恶劣地区，生态适宜性较差。朱晓华（2005）[23]认为耕地重用轻养、耕作管理不当、环境污染等是造成耕地质量下降的主要原因。学者们研究了耕地面积变化与经济发展、人口增加的关系。黄宁生（1999）[24]认为广东耕地面积减少的主要宏观驱动因子是经济增长，而人口的变化对耕地减少的作用不明显。唐常春等（2006）[25]则认为工业化及产业结构调整、人口增长及城市化分别构成广东花都区耕地减少的第一、二驱动因子，经济对外开放对耕地数量变化的影响力不断加强，土地政策、土地规划、经济政策和行政区划等制度因子亦对耕地数量周期性变化产生重要影响。马秀鹏等（2008）[26]认为人口增长，GDP增长，固定资产投资，第二、三产业产值增长以及人均居住面积情况等是影响合肥市耕地数量减少的主要经济驱动因素。

学者们普遍认为农地非农化是经济发展的一个伴生物，并对农地非农转用的原因、驱动力进行了研究。张宏斌、贾生华（2001）[27]认为农业用地的比较利益低是农地非农化最根本的原因，农业利用的低经济效益和城市土地价格的高涨，产生了农业的“推力”和城市的“拉力”作用，在市场经济体制下，比较效益较低的耕地有向效益较高的其他用地转换的冲动，耕地将进一步丧失。诸培新、曲福田（2002）[28]，钱忠好（2003）[29]，孙圣军，刘芳（2006）[30]通过农地资源在农业部门和非农业部门之间配置的经济学分析，分析了外部性对耕地资源非农流动的影响，认为土地农业利用与非农业利用之间的收益不一致是导致农地非农化的原因。黄光宇、蔡运龙（2002）[31]认为城市发展的需求、比较利益的驱动，地价的导向，以及一些政策的缺陷是造成农地非农流转的原因。曲福田等（2004）[32]从理论角度，蔡银莺、张安录（2005）[33]通过时间序列数据，李永乐（2008）[34]通过面板数据，均提出并证实了耕地库兹涅茨曲线假说，认为经济增长和耕地非农化的一般规律是耕地资源流失量最初随经济增长而增加，当达到某一点后，随经济增长而减少。

2.2.1.2 国外研究

国外许多学者从城市扩张引发的农地流失对农业活动的影响出发进行了研究。例如，Solomon（1984）[35]认为高产的农业种植用地的特征也恰恰是适于城市增长的土地，因此随着人口的增加，一些高产农地会被占用而转作城市用途。Alterman（1997）[36]指出工业化国家的私人和政府都非常担忧农地流失所造成的影响，并且把农地保护作为减缓城市增长的一种方式。Bunce（1998）[37]，Hofmann等（2005）[38]认为城市扩张及其土地开发对农业的最大影响就是永久地占用了用于农业生产的农业土地资源。

Friedberger (2000)[39]，Sullivan (1994)[40]认为农地流失通常发生在城乡边缘，城乡边缘即紧邻城市建成区的土地。Heimlich、Anderson (2001)[41]认为城市的扩张是由于二战后人口的激增以及家庭规模的缩小所激发的住房需求造成的，城市扩张分为两种类型，一种是发生在城市边缘地带的城市开发，如基础设施、交通道路等，一种是在城乡边缘地带以外的大面积住宅开发，这两种形式的扩张受到政府管理者、农民和其他利益相关群体的普遍关注。发生在城乡边缘地带的城市扩张也通常被称作城市蔓延（Urban Sprawl）。城乡边缘地带的住宅迅速增长不仅影响该地带的土地，也影响到位于城市边界之外的土地，城乡边缘以外的土地开发会逐渐地将乡村地带改变成城市区域。Barnard 等（2003）[42]认为发生在城市边缘的城市增长会导致城市中心的人口密度下降，城市区域以外的土地可以被称作受城市影响地带，也即受到城市经济和社会发展影响的地带。城市影响地带的土地会首先被用作非农用途，将会造成农业生产力的下降。Gayler (2004)[43]，Hofmann 等 (2005)[38]也都认为随着城市影响的不断扩大，对于住宅、娱乐、旅游体育设施的需求会不断扩张，导致对土地的需求不断增长，因而会造成农地的不断流失。

城市蔓延被认为是当代城市扩张的主要特征，也受到西方政府各界和学者的广泛关注。Burchell (1998)[44]等认为城市蔓延造成了低密度的土地开发，空间分离和单一功能的土地利用，“蛙跳式”或零散的扩张形态，带状商业开发，依赖小汽车交通的土地开发，牺牲城市中心而进行城市边缘地区的开发，就业岗位的分散，农业用地和开敞空间的消失。Chris Couch（2007）研究了欧洲的城市扩张，认为城市扩张的控制非常重要，因为它会导致开敞空间、自然资源的损失，而且会引起生态的损失，会引起全球变暖、空气污染、交通拥塞等问题[45]。

Greene、Stager（2001）[46]指出由于城市扩张导致优质农地转作城市用途，结果是不太适宜农业生产的较差土地被投入生产，这些农地需要投入大量的化肥、水等进行集约化经营以提高产量，因此会带来更严重的环境成本。Caldwell、Dodds-Weir（2003）[47]则认为城市的边界随着土地的非农开发而不断扩张，导致高产农地受到极大的开发压力，而且即使一个区域的农地仅有一部分被占用，也会对农业生产造成影响，造成土地的细碎化，限制农民的农业经营操作，增加其经营的成本，农民会通过加大农业投资来解决该问题，结果会进一步造成生态的破坏。Barnard等（2003）[42]认为城市化对农业的影响有三个方面：首先，当城市不断扩张，现代农业作业方式所带来的负面影响会受到周围非农居民的反对，住在城乡边缘的农民不得不限制他们的农业活动；与此同时，城市化也会造成空气污染、农业（一体化）网络的丧失和破坏。其次，随着土地面临的城市化开发压力增加，会带来周围土地的增值，这也会影响农业的生存；第三，当农地减少，其所带来的其他收益（如环境舒适性收益）也会消失。Sullivan等（2004）[48]认为新的城市开发会改变区域的人口构成，更多的非农人口涌入，非农人口对现代化农业作业方式所带来的污染、机械噪音、难闻气味等表达不满，因此会对农业经营方式提出新的要求；农民们则会担忧随着非农业居民的进入，产生的垃圾、偷盗会造成空气污染以及农业特质的丧失。Caldwell、Dodds-Weir（2003）[47]，Heimlich、Anderson（2001）[41]认为随着新城市土地开发会改变与其农业相连的经济要素，比如税收增高，土地价值提高，农业相关支持活动的丧失，会影响到农业活动的回报。

一些学者认为理解城市扩张的原因将有助于理解城市化所造成的农地流失，因此对城市扩张的原因进行了研究。例如，Bradshaw、Muller（1998）[49]的研究认为五个因素影响城市的扩张：①城市位置：城市的形成通常会位于有一些地理和资源优势的区域，随着城市的发展，这些优势的地位与作用已不再重要，因而城市会不断扩张。②距离影响下降：随着交通工具的快速发展，不仅距离对人们的居住生活影响下降，人们所需的货物和服务可以极大延伸，导致了城市的扩张。③城市的相互影响：城市及周围的区域在文化和经济上的联系和相互影响不断扩大。④居住位置：住宅的选择不再受工作地点的限制。⑤政策的影响：政策可以用来限制城市的增长。以上这些因素造成了城市的扩张并且还将继续影响城市的构成。Bryant、Johnston（1992）[50]则指出社会因素的改变不仅影响城市结构，也影响到农地的结构以及农地与社会之间的相互关系。

2.2.2 关于农地保护的动因与价值研究

我国学者对农地保护目标与价值的研究主要是从粮食安全出发，近年来也有学者开始提出农地保护需要进行理念创新，如从社会可持续、生态保护等。国外对农地保护目标的关注不仅在于粮食安全、农业产业收益的稳定，对农地保护所产生的环境美学价值（Amenity）、生态价值关注较多。

2.2.2.1　国内研究

学者们从我国的农地资源严峻形势，农地对食物供给的基础性作用以及农地资源保护的理念创新等方面探讨了耕地保护意义。刘书楷（1998）[51]认为由于自然供给的有限性、土地经济供给的稀缺性以及质量差异性，所以有对农地进行管制和保护的必要性。保护耕地问题专题调研组（1997）[1]调研了我国耕地所面临的严峻形势，认为我国现有耕地不能满足粮食生产的需要，提出应实行最严格的土地管理政策保护耕地。王雅鹏（2002）[52]从农地资源的稀缺性表现与形成出发，分析了农地保护的必要性。认为由于自然界的风蚀、水蚀与荒漠化，工业化、城市化中的耕地资源转移和流失，农牧业生产发展中的过垦、过牧与地下过度开采造成的耕地损失，形成了我国农地资源数量和质量上的稀缺性，会引起农地资源供给的边缘性和生态的失衡，引发农地价格的外溢和增长而导致农耕地资源加速非农化，因此，需要对农地进行保护。王家梁（1998）[53]认为农地保护的目标是保障食物持续供给，保护和改善生态环境和维护农业劳动者的经济利益。耕地是农地中质量最高的农业用地，保护农地的核心是保护耕地。蔡运龙（2001）[54]认为，未来我国农业和农村面临三大挑战：食物安全、资源利用和环境质量的持续性、农民经济效益，而且这三大问题互相关联，它们都与耕地保护有关。因此说，耕地保护处在我国农业与农村可持续发展的关键地位。

也有一些学者提出了我国的耕地保护理念应该创新。侯东民（2000）[55]认为应对耕地概念进行调整，将园地并入其中；或者耕地概念保持不变，新增农地概念。丁洪建等（2002）[56]，周小萍等（2007）[57]，高魏（2004）[58]认为保护的目标应该由粮食安全拓展至农业基础稳固、农民增收到实现生态环境保护、社会可持续发展，保护的对象应由耕地拓展至所有具备食品生产能力的土地资源，应建立“温饱型”、“小康型”和“生态型”耕地保护理念，并从耕地保护理念向注重农地保护理念创新。姜文来（2008）[59]也提出我国农地保护目的应从粮食安全向食物安全转换。

2.2.2.2 国外研究

城市扩张引发农地流失是北美进行农地保护研究的起因。Bunce（1998）[37]指出发生在城乡边缘的农地流失使欧洲在20世纪初已开始制定农地保护政策，美国和加拿大政府也在20世纪70年代都开始研究农地非农转用率，推动了农地保护。Lehman（1995）[60]则认为北美人口密度较低，且优质农地充足，对农地保护存在两种观点，一种认为北美的农地供应非常充足，另一种认为即使农地流失也可以通过农业技术投入提高产量而解决农业生产的问题。这两种观点都将农地看作一种无限资源而不是有限的资源，因此直到20世纪70年代环境运动的出现，农地保护才真正引起了政府各界人士的关注，保护动机也源于对城市开发占用农地的担忧。

对于农地保护的价值也有各种不同的看法。Berry（1976）[61]研究了保护开放空间的价值，认为效用、功能、预期、美学、娱乐、生态等6种价值对于农地保护决策非常重要。效用价值是指商品和服务的可替代性，人们从开放空间中得到了效用，就需要为使用它付出成本；功能性价值是指保护开放空间所带来的其他一些功能，如保护水环境等其他目标；预期价值和美学价值与人们在过去和现在如何享有景观有关；娱乐功能是指人们在公共的开放空间进行户外活动的机会；生态价值指对生态环境的保护。Gardner (1977)[62]建立了农地保护的经济收益概念模型：能够为日益增长的国内和国际人口提供足够的食物（即粮食安全），保持农业产业对当地经济发展的贡献，开放空间及给城市居民带来的其他环境美学价值，城市和农村土地的高效、有序及合理利用。在此之后，Wolfram 1981[63]，Fischel (1985)[64]，McConnell （ 1989)[65]，Bromley、Hodge (1990)[66]，Lynch、Musser （2001）[67]，Duke、Aull-Hyde (2002)[68]在其基础上又有所发展，认为农地保护的收益有减缓城市蔓延，保护农业经济、开放空间的环境价值和景观特征、野生动植物栖息地、保护地下水等。联合国农粮组织（FAO）于2000年提出农地对社会的主要效益包括：环境维护，消除贫穷，粮食安全，缓冲危机，乡村社会存续与文化多样化等方面。Bunce (1998)[37]还提出对农地保护有两种理论体系，环境保护论和农业保护论。其中，环境保护论又进一步分为资源环境学派和生态环境学派，资源学派认为实行农地保护政策的目的是为了保护食物生产，环境学派则认为是为了保护环境。农业保护论中又进一步分两类学派，进步主义学派认为保护农地的目的是为了保护国家利益而支持农业经济发展，浪漫主义学派则更关注农业文化，如农业景观、美学价值等。每一类学派都利用了生产和效用原理及文化和生态原理，尽管在基本观点上有差别，但都包括一个共识，即要保持农业土地利用和环境的可持续性。Hellerstein 等（2002）[69]建立了农地保护动因的计量模型，认为农地保护与经济收入之间有着较强的关联，收入越高的社区越会保护农地；在土地保护和人口压力之间有着正相关关系，人口压力增加，农地数量减少；农地保护和存留的农地之间也存在正相关，可用的土地越多，保护的也就越多。并认为美国农地保护的目的有：保证有序增长、控制城市蔓延，保证农业生产以保证食品安全，支持农业经济、创造就业和商务机会，保护环境和自然资源，提供风景、美学价值。

另有很多学者利用调查法，通过对社会公众的农地保护支持意愿的研究，来探讨农地保护的价值。Halstead（1984）[70]，Bergstrom 等（1985）[71]，Beasley 等（1986）[72]，Furuseth（1987）[73]，Variyam 等（1990）[74]，Ready 等（1997）[75]，Krieger（1999）[76]，Boyle（2001）[77]，Duke（2002）[78]对美国不同州或县，Bowker，Didchuk（1994）[79]对加拿大郊区，Prukner（1995）[80]对奥地利，Drake（1992）[81]对瑞典，利用支付意愿调查法和条件价值估值法（CVM）对公众农地保护支付意愿进行了调查。Kline 和 Wichelns（1994，1996）[82][83]，McLeod 等（1999）[84]通过公众投票研究了农地保护的支付意愿。Halstead（1984）[70]发现保护农地的支付意愿较强，并且与居住临近农地的程度有很大直接关系。Bergstrom 等（1985）[71]发现支付方式、

农业经营、商业开发、居住区域影响都不明显，农地保护提供的环境收益大约是每英亩 13 美元，低于平均值，这与该地是一个主要的农业区域，农地的环境价值不属于稀缺资源有关。Beasley 等 （1986）[72]对城市边缘区域的农地环境收益进行了研究，认为当地居民从农地保护中得到的环境舒适收益是每年 626 000 美元到 1 2840 00 美元。Furuseth（1987）[73]也认为临近农地居住的居民的农地保护意愿较强，农业遗产、环境以及保证未来食物供应是农地保护的重要原因。Variyam 等 （1990）[74]认为被调查者个人的利益倾向会影响对农地保护政策的支持程度。Kline 和 Wichelns（1994，1996）[82][83]发现环境因素在公众的农地保护中支持意愿最强，其次为食品供应、乡村社区环境和减缓城市开发占用农地。认为公众对农地保护的支付意愿与其参与了环境组织正相关，与居住地离农地的距离负相关。Friedberger（2000）[39]和 Sullivan （1994）[40]利用支付卡的形式阐述了家庭对保护农地的支付意愿，发现加拿大东部农地保持的区域外部市场收益是每英亩 97 美元，相当于该区域一般农地价值的 5%到 16%。Drake （1992）[81]得出平均每户每年保护农地的支付意愿为 78ECU（欧元的前身“欧洲货币单位”），并发现评估值因农地位置与利用类型而异。Pruckner（1999）[80]得出每人每天保护农地环境效益的支付意愿是 9.20 奥地利先令。

2.2.3　关于农地保护的方法研究

2.2.3.1　国内研究

吴次芳、谭永忠（2002）[85]认为制度缺陷导致了耕地流失。国内学者大多是基于这个观点，从不同侧重角度对我国农地制度存在的问题进行了反思与分析，并提出了政策和制度完善建议。

关于农地保护政策与制度构成，翟文侠、黄贤金（2003）[86]认为广义上的耕地保护政策包括所有与耕地保护有关的政策、法律、法规，诸如关于城市建设规划、乡镇建房条例、农业保护以及中央及地方相关耕地保护方面的通知、办法、规定等；狭义上的耕地保护政策主要是指耕地的产权、使用规划与管理及相关的政策、法规、法律。潘明才（2001）[87]认为当前的耕地保护制度主要有土地用途管制制度、基本农田保护制度、耕地占补平衡制度、土地开发复垦相关政策。钱忠好（2003）[29]则认为我国的农地保护制度包括耕地总量动态平衡、用途管制和农地征用管制。

1. 关于耕地占补平衡制度

王万茂（2001）[88]，张凤荣（2003）[89]认为要实现耕地总量动态平衡，不能只关注数量上的占一补一，而是要从经济合理性以及有利于农业发展出发对耕地数量、质量与区域差异等方面加以综合考虑，并确定合理的评价依据与标准，真正实现耕地总量动态平衡目标。

2. 关于农地征用制度

钱忠好，曲福田（2004）[90]，黄祖辉（2002）[91]等对我国征地“公共利益”目标的界定进行了研究。周其仁（1995）[92]，蔡运龙（2002）[93]，王小映（2003）[94]等认为应在现有产权制度框架下改进征地制度缺陷。陈利根，陈会广（2003）[95]从政府征用的成本和收益角度探讨了征地过程中普遍存在补偿标准低、补偿方式单一、补偿构成测算不合理等问题。陈波翀，郝寿义（2004）[96]分析了征地前后农民福利的变化，认为征地补偿应该包括土地持续性收益、失地农民规避风险的成本和人力资本提升的成本三个方面。孙海兵，张安录（2006）[97]提出了将农地保护外部效益纳入农地补偿。

3. 关于土地用途管制

沈守愚（1998）[98]从法学的角度论述了土地用途管制的合理性，认为应强化土地利用规划的法律效力，严格建设用地审批制度，通过土地功能分区实施土地用途管制，重点是实现基本农田保护。黄贤金（2003）[99]认为应通过制定区域土地用途管制的等级差异，构建区域土地用途管制规则。

另外，农地保护涉及中央政府、地方政府、农民集体经济组织和农民等众多利益主体。我国学者们对相关利益主体的行为也进行了大量研究，总体来看，对农地非农化中地方政府行为分析较多，对其他相关利益主体的行为分析不足。对于如何提高相关利益主体的农地保护积极性，只是从法制上、行政约束上提出了一些建议，对于如何建立执行体系，如何激励，探讨不够。

例如，学者们普遍认为中央政府有着保护农地的倾向，而地方政府则缺乏农地保护的积极性，集体和农民在现行制度下处于弱势地位。钱忠好（2002）[100]运用奥尔森集体行动理论分析了中央政府具有强烈的耕地保护倾向，地方政府和非农企业耕地保护动力不足。马欣（2002）[101]，王玉琼（2004）[102]，邓大才（2004）[103]从委托代理关系的角度研究，认为耕地保护是通过委托代理关系由各级政府通过层层委托、分级代理行政隶属关系来实现的，农民集体并不具备委托人的行为动力和能力。由于缺乏有效激励机制，和“内部人”控制，委托代理机制存在失灵。毕继业（2003）[104]利用博弈分析方法对政府内部的收益分配进行了分析，构建了不完全信息动态博弈模型，认为中央政府与地方政府之间在土地收益分配上的矛盾是关键。邬丽萍（2005）[105]则认为，由于土地资源的异质性和区域差异性，地方政府拥有信息优势。张元红（1998）[106]认为地方政府是我国土地管理工作的主要执行者，是耕地占用过程中关键主体。蔡运龙等（2002）[93]认为地方政府能从耕地非农化中得到巨大的经济利益以及“行政升级”。温铁军（2004）[107]认为一些地方政府之所以敢于对抗中央继续滥占耕地，在于其不仅是“以地生财”，而是后任政府必须“以地补亏”，即继续圈占土地以土地增值收益来抵补以往政府倒贴“三通一平”留下的亏损。对于地方政府的行为约束，保护耕地问题专题调研组（1997）[1]，张元红（1998）[106]，吴次芳、谭永忠（2002）[85]，赵淑芹（2004）[108]认为应对土地采取适当的集权管理，将农地转变为非农用地的权力集中于中央和省级政府，强化上级土地管理部门对下级土地管理部门的垂直管理。刘国臻（2003）[109]，李军杰（2004）[110]，胡文政（2005）[111]认为关键在于严格执法。上收审批权、土地管理重心上移不符合行政管理改革的方向，在实践中会产生如手续繁杂、效率低、更多的寻租、审批中的形式主义、直接激化农民与中央政府之间的矛盾等问题。

对于农民参与农地保护的行为分析。冯久先，代祥（2005）[112]，曹志宏等（2008）[113]认为产权残缺，承包权受侵害是农民不愿保护耕地的原因，庞瑞锋（2004）[114]，吕巧灵，吴克宁（2003）[115]，马清欣，何三林（2002）[116]分析耕地撂荒地现象，并认为种植业收益低、负担重是造成耕地撂荒的原因。蔡银莺（2006）[117]对武汉市居民的农地保护认知程度及支付意愿进行了调查，对评估农地的非市场价值做了一些尝试。

党国英（2012）则认为保护优质农地需要整套政策措施协调推进，如控制房价低价，抑制城市的简单外延扩张。国家应限制平原地区的城市扩张，适当增大浅山区地方政府的建设用地指标[118]。

2.2.3.2　国外研究

在国外，社会公众对农地保护的普遍认同和对农地流失的关注也促使政府开始研究和实施农地保护政策，学者们从农地保护方法的政策目标、分类、效果等方面进行了许多有益的研究，学术界对农地保护方法的持续讨论与评价不断推动着农地保护方法的创新。

Alterman（1997）[36]认为农地保护是一个土地利用问题，也受到文化、传统和法律的影响。保护农地的目标不同，对农地保护价值的评判标准也不同，因此保护农地的方法差别很大。Hall 等（2004）[119]认为农地保护政策既包括保护农业生产的政策，也包括满足不同利益群体价值需要的政策。

Fursueth、Pierce (1982)[120]提出农地保护方法是否有效可以用 2 个标准进行判断：一是需要获得包括农地所有者在内的各利益主体的广泛支持；二是要能够反映设计目标并且对土地利用产生积极的影响。Lapping 等 (1989)[121]认为由于在土地利用管理上的矛盾不能完全通过市场解决，所以农地保护需要政府参与。Nickerson、Hellerstein (2003)[122]提出农地保护的许多方法由政府设计，利用了规章制度调控及自愿参与式两种形式。

Hellerstein 等 (2002)[69]指出，北美和欧洲通常使用的规章制度调控方法和自愿参与式方法有：

(1) 农业发展权。农地所有者依然拥有土地的所有权，但必须自愿放弃对土地的开发权。农地所有者需要与农地保护组织签订转让农地发展权的协议，会得到现金、个人收入税减免或其他形式的补偿。具体有 3 种转让形式：购买开发权或农业保持权，慈善捐赠，可转让开发权。

(2) 农业区。设置农业区，区内土地受土地利用规划的指导。

(3) 农业保护分区规划。限制在规划为农业用途的土地上从事非农活动，对于不同的农场类型有不同的农业规划许可标准。

(4) 优惠或差别农业评估。如果农地所有者同意在一定时期内保持农业利用，农业土地的价值评估通常会以其农业产出效益而不是土地的市场价值来征收税收。

(5) 农场权利法。保护农民们免于周围邻居反对其农业活动而产生的法律纠纷。

(6)城市增长边界。在特定区域设置城市增长边界是城市政府经常使用的方法，可以将城市增长引导至邻近区域，而且节省成本。

Duke等(2006)[123]将美国农地保护方法分为四种类型，调控类型，激励类型，政府参与类型和组合类型。

Luther(1998)[124]认为农地科技投入对保护农地也有综合影响，有助于保存野生动物、农地景观与娱乐场所。Bernstein(2004)[125]等认为农地保护的方法还应有农业环境补偿，当农民们的农业活动或农业土地利用方式会对环境提供好处，农民们应该得到补偿。

Alterman(1997)[36]认为各种农地保护方法应配合使用，以达到农地保护的多种目标。Lynch、Carpenter(2003)[126]则指出开发权购买成本过高，开发权转让有效性较差，差别税收方法能减缓农地流失率，但是并不能永久地保护农地。Geoghegan等(2003)[127]认为农地保护对居住在农地附近的住户会产生环境舒适效益，将会增加在附近土地上住宅开发的需求，这会使得农地保护更加困难。

韩国的朱奉奎(1991)[128]对韩国工业、农业用地的消长进行比较分析后认为，土地的用途管制是制止农地过度非农化的重要手段，韩国将农地划分为绝对农地及相对农地，较为成功地协调了农地保护与经济快速发展的矛盾。

2.2.4 国外学者对中国农地保护问题的研究

中国作为人口大国，近年来城市化快速发展、人口增长、农地资源匮乏、粮食安全等问题也引起了国外学术界的普遍关注。国外学者从农业土地流失、土地质量退化对农业产量、粮食安全、政治经济稳定的影响等方面对中国农地保护问题进行了研究。

Lester Brown (1995)[129]针对中国人口增长和可利用土地的快速减少提出了中国将面临严重的粮食危机，并可能引起世界粮食价格提高等论断。这一论断激起了大量关于农地保护的研究。Smil (1995，1999)[130][131]认为中国在改革开放前，农业政策主要强调农业（粮食）产量，因而造成了在不适宜的土地上进行农业开发，使得土壤质量极度下降。改革开放后，随着人口增加造成人均农地数量下降，农村乡镇企业等工业化发展对本已稀缺的农地资源造成了极大压力，也使农地流失和土地质量下降加剧，估计 20 世纪 90 年代初中国的耕地流失量在 13 300 万～14 000 万公顷。增加了农地保护的需求。Alexandratos (1996)[132]认为尽管面临耕地较少、人口不断增长、农地持续流失的现实，中国依然能够保证粮食安全和自给自足。Litenberg (2008)[133]认为农地流失并不是影响中国粮食安全问题的关键原因，因而农地保护对中国的粮食安全目标来说并不必要，中国现有的农地保护政策并不足以减缓开发压力较大地区的农地非农转用，而且还阻碍了土地的合理利用。

Xiaobo zhang 等 (2004)[134]在对中国农业用地利用状况及土地政策演变展开研究的基础上，提出了可耕地及土地利用集约度分析框架，提出工业化、城市化是中国农业用地转用的重要驱动力，政策及历史事件是其重要影响因素，但行政命令式的农业用地保护与调控政策效率低下，建议今后应鼓励农业人口向发达地区流动以延缓这些地区耕作密度的快速下降，提高长期农业投资力度以进一步提高产量，并充分发挥劳动力优势，增强农产品国际贸易竞争力。Skinnera 等(2001)[135]以浙江为例研究了中国的农地保护问题，分析了中国地方政府职能和结构演变与农地保护政策制定与执行情况的关系，认为地方政府在农地保护政策执行中允许农地转用以追求经济增长，应该重构地方政府在农地保护中的角色。Seto、Kaufinann (2003)[136]构建了珠江三角洲地区土地利用变化驱动因素的模型，并通过实地调查表明外商直接投资和土地非农转用的产值差异是促使农地非农流转的主要原因。在农地非农化的驱动力因素上，大规模的外来投资比当地的土地使用者的行为更重要。

2.2.5　关于关中地区城市化与土地利用的研究

对于关中区域，学者们分别从城市化和土地利用等方面进行了研究。张思锋（2002）等研究了关中城市群城市等级结构及其发展思路。认为关中地区大城市缺位，中等城市数量偏少，水平偏低，小城市和城镇发展滞后，应把边远山区、偏僻农村的居民迁移至小城镇，形成人口聚集效应。政府应当引导这些小城镇，因地制宜，合理规划，为乡镇企业发展创造良好环境，发展第三产业等非农业产业，优化非农业生产的结，扩大吸纳劳动力的能力，把小城镇和小城镇、小城镇和中小城市的发展结合起来，使小城镇成为农村社会经济发展的新的突破口[137]。夏显力等研究了关中城镇集聚—碎化指数测度，认为关中目前正处于工业化中期，经济和人口向中心城市集聚是这个阶段最显著的特征，核心城市对周围区域产生的回流效应强于扩散效应[138]。杨勇（2010）

等基于社会经济综合指数和自然生态综合指数格局的耦合状况，采用了矩阵分类方法把关中地区的土地利用综合分区为5个类型的区域：优先开发区、适宜开发区、适度开发区、优先保护区和灰色区，分区结果可以为关中地区土地利用提供科学的定量依据[139]。

解修平等（2013）利用不同时期的遥感影像或土地利用图进行空间叠加运算，对关中—天水经济区土地利用变化过程做了进一步分析，结果发现城镇建设用地面积增加迅速，耕地和草地面积则减少，城镇建设用地的扩展是通过占用大量城郊的农田来实现的，通过快速城市化进程可以看出，研究区的城市扩张和基本农田保护之间已经开始产生矛盾[140]。姚瑶对关中地区土地利用变化对生态系统服务功能的影响及其两者关系进行了研究，认为近20年来，关中地区土地利用变化率和生态服务变化率两者呈负相关关系，关中地区人口增加、城镇化、生态政策的实施及社会经济发展是推动土地利用类型动态变化的主要驱动因素，其导致居民点及工矿用地、交通用地增加，园地和林地显著增加，耕地持续减少等，导致土地利用结构及空间格局发生显著变化，由于不同土地利用类型对生态系统服务贡献程度的差异，进而影响到区域生态系统服务功能的显著改变[141]。

2.2.6 简要的评述

与国外相比较，我国农地保护的研究起步较晚。国外所指农地保护不仅包括对耕地的保护，也包括林地、开敞空间、牧草地、园地等，国内研究谈耕地（主要指粮田和菜地）保护较多，直接谈农地保护的较少。基于耕地也是农业资源的一种，并且重点同样是保护、增值和合理利用珍贵的农业土地资源，并使之达到永续利用。因而，本书将耕地保护的研究也纳入农地保护理论成果之中。

对于城市扩张对农地保护的影响，国内也存在观点的分歧。城市扩张对农地流失造成的影响则是国外许多国家开始农地保护的起因。国外农地保护的目标除了粮食安全，对环境、生态效益关注较多；国内研究以粮食安全为主要目标。关于农地保护尤其是耕地保护的方法，我国主要从产权制度、征地制度与失地农民问题、政府行为等方面进行了大量的研究，成果颇丰。但将农地保护问题置于城市扩张的背景下，从这一角度出发来研究和探寻农地保护机制的还不多。

当前我国已进入城市化、工业化高速发展期，仍有必要对城市扩张对我国农地保护的影响进行进一步的研究。在城市扩张的背景下，现有的农地保护方法是否有效，也需要系统的考察。而且系统的农地保护方法应是包括合理的目标设计，政策法规调控、政府参与、市场激励设计相互协调，行动支撑体系的良好组织执行，这是一套相互作用、相互配合的机制，国内尚无此类系统研究。关中地区也正在进入城镇化快速发展阶段，经济和人口向城市聚集特征明显，城市扩张与农地保护之间的矛盾已经开始显现。如何推进城镇化的正常发展、提升经济发展水平，又能够保证优质农地资源真正用于农业生产，实现城乡统筹及发展的可持续，是有待进一步研究的重要命题。

2.3 农地保护分析的理论基础

2.3.1 影响土地利用的因素

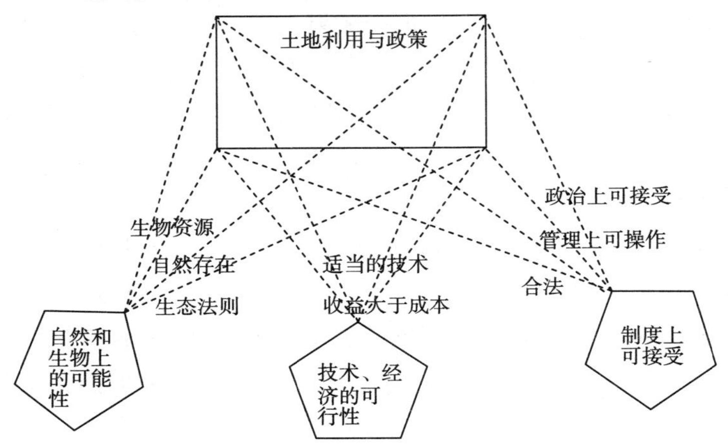

图 2-1 影响土地资源利用决策的因素

资料来源：Raleigh Barlowe. Land resource economics ［M］. N. J，U. S. A：Prentice hall，1986[142].

人类对土地资源的利用行为受到三重因素的影响，包括自然和生物要素，技术和经济要素及制度安排，这些要素共同作用，影响着私人、集体及政府对土地资源的利用、开发和保护行为与决策（见图 2-1）。自然和生物要素决定了人类可以利用的土地的数量、种类和自然特征，为人类的活动提供了场所和物质基础。这些要素包括土壤条件、水文条件、光照和温度、植被、微生物、昆虫、动物等，为人类能否开发利用土地资源设定了明确的限度，无论是短期还是长期，人类的土地利用政策和行为必须遵循这些限度，否则，终将受到损害不可再生资源和生态规律的报偿。

1. 技术和经济要素

技术和经济要素对土地利用活动起着极其重要的影响。土地的供给既包括自然供给也包括经济供给，土地的自然供给受地球表面土地资源总量所限，可供国家、个人或整个人类利用的数量在不同条件下会有变化；经济供给则是指人类想要和可以利用的自然存在的土地资源中的一部分。当人们在经济上和技术上可以利用，用途上存在竞争、赋予其价格，或者愿意承担开发的成本时，土地才变成一种资源[143]。需求与供给类似，对土地资源的需求大多是派生需求，人们对土地的需求不是来自土地本身，而是由于土地上的产出物或所能带给人类的满足。土地的需求和供给数量通常会随价格的变化而发生变化，但是大多数市场情况下，土地的需求和供给是缺乏弹性的。

经济可行性是土地资源利用的前提。经济主体的经济动力是收益最大化，市场竞争、投入与产出、机会成本都会影响人们的土地利用行为。当土地资源利用成本大于收益时，理性的经济主体倾向于最大限度地利用具有较高产出价值的土地，当需要额外增加土地面积时，出于成本的考虑，他们会倾向于利用新开发的或较低等级的土地。一旦大部分土地都已经被开发利用，后续的用于城市、耕地或其他高优先级的土地扩张必然侵占较低优先级的土地利用形式，持续的扩张将导致较低优先级土地利用的供给不断减少。除了市场和生产因素，经济要素还包括对社会福利的考虑，如资源、收益等在社会不同阶层之间的配置。

土地的价值与土地利用密切相关，因而，土地的经济供给总是对技术开发水平的反映。由于技术条件尚不具备，或者尽管技术上已经具备条件，但是经济成本大于收益，土地供给会受到影响。因而，新技术的应用会改变土地利用活动的经济成本，使得在以前不能实施的政策和开发活动成为可能，刺激了对土地产品和土地资源开发的需求。

2. 制度要素

制度要素建立了一系列规则和程序，决定了什么样的实践活动是被允许的，以及什么样的资源可以利用，对土地资源的供给起着极大的作用，由此影响着私人、家庭、组织等的决策和行为。土地利用政策或开发活动是否可行，必须在制度上具有可接受性，也即必须首先符合宪政制度或法律秩序，其次尊重和承认产权，并且符合社会约定俗成的习惯、传统和伦理规范。除此之外，土地利用政策和开发活动能否成功实施，其在行政上和管理上的可操作性也是关键因素。

经济学分析的基础是假定经济主体拥有完全自由决策权，承担全部成本，也获得全部收益。现实中，消费者的决策活动受其拥有的产权的约束，明确的产权界定建立了经济主体对财产的所有、使用、收益和处分等一系列权利规则及程序。如果产权不清晰或责任共享，将促进人们尽可能无偿地得益，从而使权利和责任在产权制度上不对称，便会产生“搭便车”行为和外部性问题，即当经济主体的活动对另一经济主体产生了收益或者损失，例如，某人种树、修路等为他人带来了风景、交通便利，或者排放污染对他人造成了水源污染，便会有正的外部性或负的外部性。如果产权可以界定清楚，那么通过市场来克服外部性便成为可能，但当交易费用十分高昂时，大多数情况下还得依靠公共部门矫正外部性，即需要政府介入来解决外部性和市场失灵问题。根据传统的管制理论，各种形式的市场失灵会造成社会福利的减损，为了纠正市场失灵，就需要政府的干预，即管制。在城市扩张过程中，农地保护需要政府的干预与管制，原因在于：①在单纯的市场机制作用下，收益较低的农业用地会流向收益较高的非农建设用地，由于其流向的不可逆性，最终造成农地资源的消失，威胁粮食安全、社会稳定和生态平衡；②由于农地资源的利用会产生一定的外部效应，因此，完全靠市场作用不能补偿相关利益主体的损失，会造成农地保护供给的不足，因此需要政府干预。

现代管制理论吸收了委托—代理理论、激励机制设计理论和信息经济学理论，摒弃了传统理论中把市场和政府对立起来的二分法，把市场制度和政府监管统一起来，考察不同的制度安排之间是如何相互作用、相互配合而实现界定产权、维护秩序的社会目标的方法，将市场手段和政府管制手段结合运作。

2.3.2　土地最佳用途的衡量

土地是一种多用性资源。位于中心商业区的高价值土地，除了可以用作商业用地，常常也可以用作森林、牧场、耕地或住宅用地。一般来说，当土地带给其经营者或者社会的回报最高时，也就是最佳的土地利用形式，这种价值回报既可以用有形的现金回报来判断，也可以用无形的社会价值来判断，或者是这二者的综合，经济收益会刺激土地所有者将土地用于回报较高的土地利用形式。随着土地资源质量、技术、需求的变化，土地的价值也会变化，同时，规划条例、公共政策等也会使土地的价值发生变化。

土地的地理位置、交通便利程度，也即区位因素，在土地使用中发挥着决定性的作用。杜能的农业区位论、韦伯的工业区位论、克里斯塔勒的中心地理论和廖什的市场区位论都系统论述了区位在土地利用中的作用，经济主体的土地利用一般倾向于在有着区位优势的特定地点，比如靠近港口、铁路、水源、市场、服务网络等，能够为其带来更多的经济价值。由于大多数土地都只能容纳一种用途，因此便会产生用途的竞争性。在完全竞争市场条件下，土地一般会流向收益较高或市场出价较高的土地利用形式。在现代社会，一般来说，当土地用作商业或工业用途时，其价值回报会高于其他地点或者用途的土地，住宅用地一般稍低于工商业用地，接下来是耕地、草地、牧场及森林用地。城市中心的土地一般被用作商业用途，接下来依次为住宅用地，农业用地，如耕地、园地、牧地、森林等，当然这种布局并不会保持静态不变。不同的土地用途之间也会有重叠，一些商业和工业也会刻意寻找低成本的区位去布局，住宅用地有时也会高于商业和工业用途的土地，相当大量的土地用途重叠发生在农业用途的土地上（图 2-2）。

土地的最佳用途通常可以由货币价值来衡量，当考虑到社会福利及非市场价值时，便会产生分歧。例如，对同一块林地，初始所有者将其保持作林地来生长木材、创造收入，继任者会将其开发作耕地、住宅，城市管理者认为需要将其

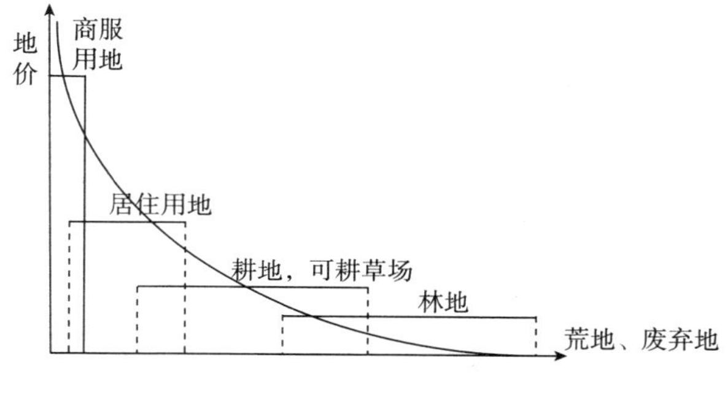

图 2-2　土地利用用途与价值

砍伐以拓宽城市道路，环境组织认为为了保护环境应该保留其原生森林状态，也就是说，市场、经济的和社会概念的最佳用途之间有着区别，经济的最佳用途容易由市场量化，而社会价值是一个不容易计量的概念，基于不同的行为人，其期望、目标和价值判断也会不同[142]。

2.3.3　农地保护的经济学解释

一般意义上讨论，农地保护的目标是保持农地资源的最优利用，减少浪费，使得社会所获得的净收益最大化。但是在土地利用实践中，不同的经济主体经常会有不同的管理目标，例如，从环境保护的角度来看，保护是为了下一代能够享有这些资源，从生态学的角度看，保护是防止土壤流失、退化，从政府的角度看，保护是为了政治利益、社会稳定。管理者既考虑经济的收益也必须考虑社会的收益，其决策目标是如何长期使资源达到最优配置，因而在进行土地利用决策时，需要在保证当前的经济回报最大化时，同时考虑是否损害将来或潜在获得收益的可能，是否能够保持和维护资源的长期利用。概括来看，农地保护是有关农地资源在当代和子孙后代之间合理分配的公共和私人决策，是采取政策和措施以保证为子孙后代增加可用的资源供给[144]。

经营主体是否愿意保护农地，建立在其对保护理念的理解、对保护的需求及他们对土地现在和未来收益的预期基础之上。一般来说，随着时间的推移，土壤肥力会下降，收益会逐渐减少。通过采用合理的保护和管理措施，可以改善这种状况，比如正确施用化肥、休耕及退耕，防止土壤流失、退化和降级，能够使土地在较长时间内保持稳定的生产能力，获得稳定的收益（图 2-3）。

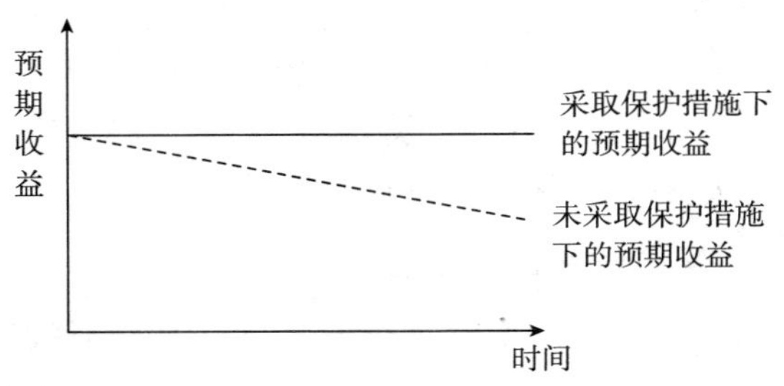

图 2-3　预期农地保护收益

但是，由于农地利用存在外部性，会导致社会期望的收益和私人收益不相一致，导致农地保护量不足。如图 2-4 所示，在完全竞争市场条件下，私人（生产者或消费者）决策是根据边际收益等于边际成本来决定其最优的生产量或消费量，因而市场决定的农地保护量，或者说用于农业生产的土地资源数量为 Q_{market}，但是由于农地资源的保护包含了涵养水源、净化空气、保持生物多样性、粮食安全等正外部收益，因而农地保护的社会边际收益 MSR 会等于私人的边际收益 MPR 加上边际外部收益 MER，社会需求的最优农地保护量 $Q_{optimum}$ 会大于市场自发决定的私人最优保护量，因而私人决策的农地保护量不足，也就是说市场自由竞争不能达到资源配置的最优。科斯定理认为，当产权界定明晰、且交易费用为零时，私人可以通过市场谈判解决外部性问题，同时，道德约束、慈善组织的介入也都有助于外部性问题的解决。当私人不能解决时，便需要政府管制。

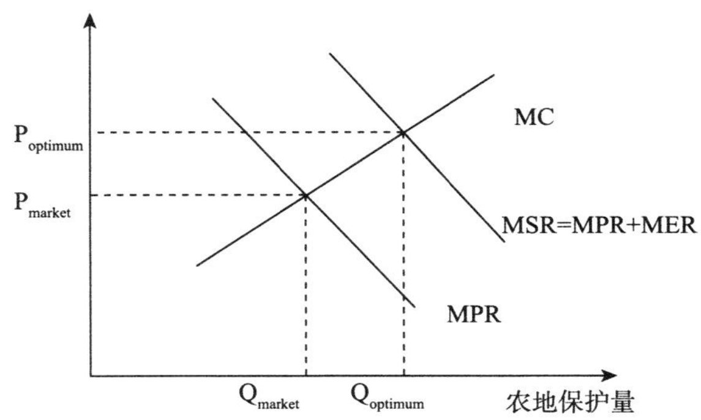

图 2-4　农地保护的外部性

政府可以通过建立规则，对行为进行规定和约束，或者通过市场化的策略，如征税或者补贴的方式来解决外部性问题，即通过恰好等于外部边际收益的补贴，使得外部效益得到补偿；而当私人将农业土地用于非农用途时或者不合理利用为社会带来的负的外部性影响，政府可以通过征收等于外部边际成本的税收，使社会所承受的损失得到补偿。

2.3.4 现实的制约因素

2.3.4.1 信息不对称

关于管制，最早由庇古等为代表的公共利益理论研究者就对各种市场失灵所造成的社会福利的损失，及政府通过管制提高资源配置效率做了研究。但是公共利益理论的研究前提是假定政府是理想状态的政府，而管制者会专一地追求这一目标，并假定在这一过程中，管制者可以代表社会公众对市场做出理性的计算，使得管制结果符合帕累托最优原则。20 世纪 60 年代以后，政府监管所导致的效率损失和政府失灵现象开始受到人们的关注。不对称的信息分布是影响管制效果的重要因素之一。任何一个市场经济主体的行为决策和自主选择都离不开对所需各种信息的采集、整理和分析，信息既会影响到人们的行为，也会影响到市场交易。

传统经济学派认为信息是一种不需要付费的共享资源，因而将拥有完全信息，作为其分析的先决条件，认为“经济人”会在完全理性基础上，对自身行为做出最佳判断。20 世纪 60 年代和 70 年代，英国剑桥大学教授詹姆斯·莫里斯和美国哥伦比亚大学教授威廉·维克瑞提出不对称信息理论，阿克洛夫、斯坦福大学的麦克尔·斯澎斯和哥伦比亚大学的约瑟夫·斯蒂格利茨三位经济学家在交易双方信息不对称的假设之上，建立了一整套经济学理论，解释厂商、工人和消费者的行为，从而奠定了信息经济学的基础。信息经济学推翻了传统经济学的完全信息假设，认为信息搜寻是需要成本的，把信息与成本、产出相联系起来。认为“市场不是万能的”，“信息是有价值的”，“信息本身也是市场”[145]。信息不完全，也即信息不对称，是指市场交易中交易双方对于交易对象或内容所拥有的信息（质量与数量）不相等，另一种状况是经济主体或行动主体在进行经济决策或非经济决策时不拥有做出最优决策所需要的全部信息[146]。造成信息不对称的主要原因有：拥有信息优势的交易一方对信息的封锁或有意误导，搜寻成本对信息劣势方构成的信息搜寻障碍，社会分工和劳动分工造成交易各方知识的差异等。

在农地保护中，信息因素同样发挥着重要的影响作用。土地的市场价格、市场供求等各种信息的质量和数量会对农地保护涉及的相关利益主体的决策行为和交易行为产生重要的影响，行为人因获得信息渠道的不同、信息量的多少而承担不同风险和收益。拥有信息优势的一方，往往处于比较有利的地位，会利用资源配置的优势取得经济利益，而拥有信息劣势的一方则处于比较不利的地位。信息不对称的存在造成了市场交易双方的利益失衡，信息传递、搜集本身的成本也会影响到农地保护的效率。

2.3.4.2　社会公平

理想状态下的农地保护应该是建立在激励与约束对等的基础上，既有既定的明晰产权激励，又有有效的制度约束，经济收益与成本相对等，资源配置能够实现最优。公平理论告诉我们，人能否受到激励，不仅由他得到了什么而决定，还由他们的所得与别人所得是否公平而定。公平理论的创始人亚当斯（Adams）的研究表明，当一个人产生较强的不公平感时，他可能会通过自我解释达到自我安慰，或采取一定的行为来改变别人或自己的收支状况，如申述、消极怠工等，因而，政策或措施的制定应努力执行公平的客观标准，采取有效的教育手段。瑟保特（Thibaut）和沃尔克（Walker）研究了法律程序中的公平问题，提出了程序公平的概念，认为只要人们有对过程控制的权利，不管最终结果如何，人们的公平感都会得到显著增加[147]。

因此公平的含义应包含三个层次，既包括法律、权利上的公平，也包括过程公平和结果公平。公平会促进效率，不公平会降低效率。在农地保护过程中，如果政府管制的程序、或者收益分配结果不公平，将会导致部分人的福利水平降低，并影响社会稳定。而制度政策的公平会促进效率，增进社会总体福利水平。

第 3 章　关中地区城市扩张中农地保护面临的严峻态势

本章首先探讨了城市扩张对农地价值的经济影响，然后在我国城市土地扩张的总体态势的基础之上，探讨城市扩张与农地保护之间的相互影响，如城市扩张所造成的农地流失及其原因，分析城市扩张中农地保护面临的严峻形势。

3.1　城市扩张对农地价值的经济影响

3.1.1　城市扩张过程中为何还要保护农地

一般来说，在城市扩张的过程中，仍然要保护农地主要基于以下三方面原因。首先，大多数优质农地都位于城市郊区或城市边缘，这些农地的位置和质量非常优越，都是地理、交通条件较好，适宜生产的优质土地，便于机械耕作和一些对自然条件有 特定要求的农作物生长。同样对于城市开发来说，这些农地也有着优越的地理和位置条件，城市开发当然首先向邻近的农地扩张。有部分观点认为邻近城市区域的土地并不需要保护，因为其用于城市商业开发的价值更高，可以实现经济价值的最大化，并且在其他区域还有充足的农业土地供给可以替代。但是有学者研究表明，城市周边的土地通常高估了城市化开发的价值，而农业价值往往被低估。被城市化开发而占用的优质农地通常会由质量较低的农地来补偿，而这些农地要进行生产就要付出较高的经济和生态成本。

其次，农地具有公共产品的属性，其所提供的一些生态功能如吸收洪水、净化空气和滤水的功能[148]，可以使公众受益，并且对它的消费和需要又具有非排他性和非竞争性。因而，城市化进程中，保护城市周边的农地也非常重要。

第三个方面，西方学者的研究表明，农地也能给城市区域带来开敞空间，因此保护农地的主要目标也就是保护这些开敞空间[149]。

3.1.2 城市扩张对农地市场价值的经济影响

持有“自由市场论”观点的学者们认为，通过土地市场进行自由的交易，能够使土地资源得到最有效的配置，因为土地所有者拥有明晰的产权，可以自由决定其土地利用的最佳用途，但是前提是土地所有者能够承担起所有的边际社会成本。但是市场也会出现失灵，这是因为农地具有一定的公共产品属性，因此便需要政府的干预来实现资源配置效率的最大化。然而，政府通过经济奖励或惩罚干预，如税收刺激等，其作用也是有限的，有时甚至会事与愿违，引起更大的资源配置的低效率或无效率。当在市场缺失的情况下，邻近城市区域的农地通常会由于城市利用价值的高估，而低估农地本身的农业价值，这样农地通常就会被转用非农用途的城市开发用地。而城市开发又会给邻近的农地带来价值溢出影响，如邻近农地区域居住地的非农居民会抱怨农业生产所带来的噪声、农药施用的气味，汽车等交通工具、工业生产活动农业活动所造成的空气污染进而导致农作物的污染[150]，农地会以较低成本被征用，用于新开发的城市区域的公共设施用地等[151]。这些溢出影响会降低农地的产量，使得其农业生产的价值降低，而用于土地投机的机会却增多。图3-1描述了城市开发对农地价值的影响，$R_{原值}$代表位于城市开发边界以外的无任何农业投资的农业土地价值，$R_{投资}$代表有农业投入的农业土地的增加价值，$R_{农业}$代表$R_{原值}$和$R_{投资}$的总和，$R_{住宅}$代表有住宅的农业土地价值。$R_{原值}$曲线向上倾斜到某一点，表示城市开发对农业的溢出影响。$R_{投资}$曲线表示在土地上的投资越多，农业土地的农业价值越高、产出越高，由于城市开发的影响该曲线与$R_{原值}$曲线保持着一定距离，也是向上倾斜；$R_{农业}$表示了农业土地的总体价值，农地保护政策只有在使得农地投资增加的情况下才是有效的。

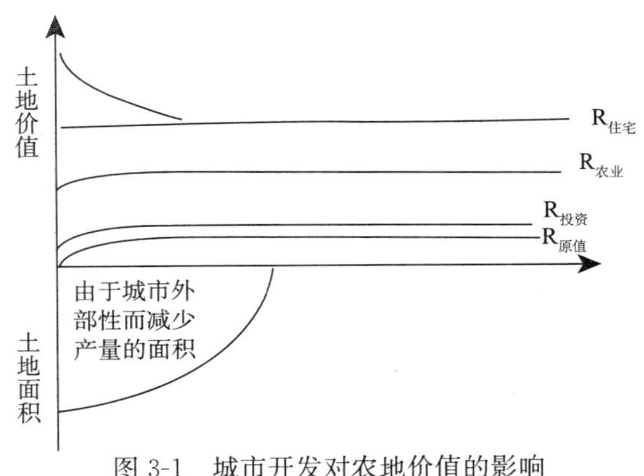

图3-1　城市开发对农地价值的影响

资料来源：Nelson，Arthur C，Using land markets to evaluate urban containment programs [J]. Journal of the American planning association，1986a，52 (1)：22-32.

农地市场价值和农地的农业价值之间的差额就是市场投机的价值，它包括了无效投机，也就是农地市场价值与$R_{农业}$农地住宅价值之间的差额，它是由政策或市场不完全导致的对城市用地的过高估值和对农业用地的过低估值而引起。

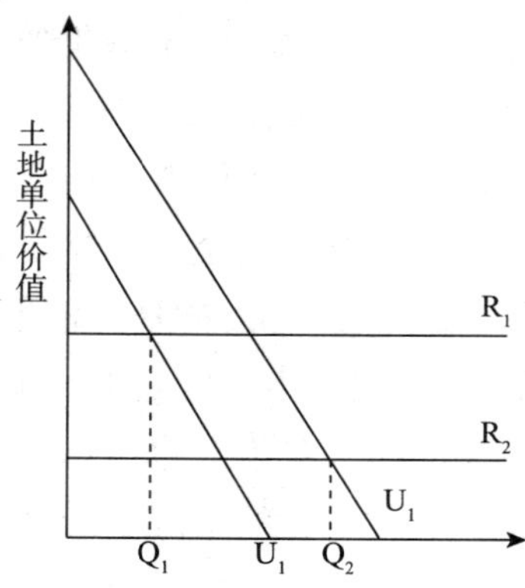

图 3-2　城市开发影响农地转为城市用途的量

图 3-2 中，U_1表示用作城市开发用途的土地价值，U_2表示U_1加上城市开发的补助，Q_1代表了没有溢出影响或补助的用于城市用途的土地数量，Q_2则代表有溢出影响或补助的用于城市开发的土地数量，R_1表示没有城市开发溢出影响的土地的资源价值，R_2表示有城市溢出影响的土地的资源价值。U_1和R_1的交点表示土地分配的有效率值，Q_1的左边表示被用于城市开发的土地，右边表示用作其他农地。由于城市开发的补助，城市土地价值增加至U_2；由于城市开发的溢出影响，农地的价值减少至R_2。新的土地配置均衡点位于Q_2点，Q_1和Q_2之间的差值就是用作城市开发的土

地的无效率分配。城市扩张过程中保护农地的目标是为了保持原有的均衡。农地保护政策要减少无效率的投机价值，如果这些投机价值减少了，则农地可以保持其最高产的农业用途[149]。

在城市扩张进程中，还有一种状况也会将农地置于不利地位，便是“变动性”[150]。生活在城市扩展区域周围的农民会认为在不久的将来他们的农地也会征用于城市用途，因此他们就会减少在农地上的投入，转而种植那些要求较少劳动力和资金投入的农作物，如草地、一年一收的作物等，他们甚至会将临近城市区域的农地抛荒。当农民对于他们的农地的前途不确定时，其农业产量和农业收入就会降低。最终，会导致维持当地农业经济体系会崩塌[152]。因而，学者们的观点认为农地保护的最终目的是要消除这种变动性。

3.1.3　农地生态价值的影响及核算

城市扩张占用的多是位于城市外围的优质农地，而补偿的土地多是质量或位置稍逊的土地。由于农用土地用途被改变，而且流失的农地多为优质的粮田和菜地，促使农户对土地流转的预期难以把握，大大降低了他们对土地投入的积极性，因而采取粗放经营，由于其对土地的物质投入主要是农药和化肥，这对土地、地下水和生物多样性的破坏十分严重，加剧了土壤质量下降势头，不仅对城市居民的粮食供应，“菜篮子”工程有严重影响，而且造成一系列生态环境问题[148]。城市扩张中所造成的农地过度流失通常也会带来备受西方国家关注的“城市蔓延”问题，它常常会带来交通拥堵、巨大的交通成本、农地和空地的破坏和土地资源的浪费，以及环境成本，例如污染、景观的消失等。农地保护具有明显的外部性效应。城市边缘区的农地及其自然景观是城市的生态屏障，具有净化空气、缓解环境污染、改善小区域气候、提供自然景观、满足市民游憩等功能。在城市扩张中，农地保护的生态、环境效益也受到了极大的挑战。城市蔓延使得边缘区对改善生态环境有重大作用的天然林地、湖泊、植被、水面和生物资源不断减少，生态环境形成退化或逆向演替的趋势。同时，一些高消耗、低效益、重污染的产业大多分布在城郊结合部，使得这些郊区受到城市大气污染物、水、固体等废弃物的污染。而农地向城市流转的不可逆性、生物多样性破坏的难以恢复性，都影响到城乡生态环境的保护。

在传统的农地价值评估中，农地本身所提供的生态价值通常被人们所忽视，只注重农地经济生产价值的评估，并不能全面反应农地的真实价值。这也是在城市扩张过程中，造成农地征用补偿不完全或农地非农转用很普遍的一个重要原因。农地生态价值属于农地非市场价值的组成部分，由于市场不存在或市场不完全，很难用传统经济的方法进行量化。目前，还没有专门成熟的农地生态价值评估方法，多是借鉴环境经济的评估研究。并且由于农地生态价值具有明显的经济外部性，在公众生态意识日益加强的今天，如何对这一关系到全体社会利益的农地资源价值进行准确评估也就显得越来越重要[154]。

农地生态价值属于农地非市场价值的组成部分，对其估算是采用经济学手段，将农地非农化生态价值损失的影响定量化，最终实现货币化，更直观认识农地非农化带来的经济影响，有利于提高保护农地的积极性，同时农地资源真实价值显化后，农地非农化的成本会加大，有利于消减农地的粗放利用、促进农地的节约集约利用，为利用农地、制定合理的农地管理政策提供重要依据[140]。农地非市场价值评估方法主要有揭示性偏好价值评估方法、陈述性偏好价值评估方法以及直接市场评价法。

揭示性偏好价值评估法是通过考察人们与市场相关的行为，特别是在与环境联系紧密的市场中所支付的价格或他们获得的利益，间接推断出人们对环境的偏好，以此来估算环境质量变化的经济价值。揭示性偏好价值评估法又包括享乐价值法和旅行成本法。享乐价值法是以资源环境变化对产品或生产要素价格的影响来进行估算，旅行成本法是通过估算旅游者到达旅行目的地所花费的各种开支（如车票、门票、时间成本等）或对旅游场所的环境商品或服务的支付意愿来评估资源环境的价值。

陈述性偏好价值评估方法主要包括条件价值法(CVM)，联合分析法，选择模拟法，其中以 CVM 最为典型。CVM 是通过人为地构造假想市场，直接询问人们对某种生态系统服务的支付意愿（WTP）或对某种生态系统服务损失的接受赔偿意愿（WTA）来估计生态系统服务的经济价值。CVM 通过模拟非市场物品的交易市场，询问受访者对特定禀赋的资源环境变化量的最大支付意愿（WTP）或最小接受补偿意愿（WTA）达到计算非市场价值的目的。根据 WTP 引导技术的不同，CVM 可分为连续型问题模式和封闭型问题模式两类。近年来，CVM 在在美、英、法、加等经济发达国家农地非市场价值评估领域应用广泛，评估对象涉及耕地环境保育价值、林地休闲娱乐价值、生态环境敏感区生态价值等多个方面。

直接市场评价法是利用市场价格赋予环境损害以价值（环境成本）或评价环境改善所带来的效益。常用的直接市场评价法主要有成本分析法，包括恢复费用法、影子工程法、机会成本法和重置成本法等。

3.2 我国城市扩张的总体态势及其原因

3.2.1 我国城市土地扩张的总体态势

随着经济的快速发展以及体制改革的不断深入，我国的城市化水平呈现出加速发展的态势。城市人口数量占总人口的比例是衡量城市化水平的主要指标，以城镇人口占全国总人口的比例来测算，我国的城市化水平 1996 年为 30.48%，到了 2012 年已增长至 52.57%（表 3-1）。

表 3-1 1978—2012 年全国城市化水平

年份	城市化水平（%）	年份	城市化水平（%）
1978	17.92	1994	28.51
1980	19.39	1995	29.04
1985	23.71	1996	30.48
1990	26.41	1997	31.91
1991	26.94	1998	33.35
1992	27.46	1999	34.78
1993	27.99	2000	36.22

（续）

年份	城市化水平（%）	年份	城市化水平（%）
2001	37.66	2007	45.90
2002	39.09	2008	47.00
2003	40.53	2009	48.30
2004	41.76	2010	49.90
2005	42.99	2011	51.30
2006	43.90	2012	52.57

资料来源：中国统计年鉴，http：//www.stats.gov.cn.

城市的产生和发展是以空间为依托的，城市化进程总是伴随着土地利用形态的变化，这一点是城市化进程中世界各国在土地利用方面所出现的共同现象。随着我国经济的迅速发展，工业化、城市化水平的不断提高，城市用地的扩张速度也令人瞩目。在我国的城市统计中，计算一个城市的土地面积有两种方法：城市建成区土地面积和城市市区土地面积。城市建成区是指市政区范围内经过征用的土地并实际建设发展起来的非农业的生产建设地段，包括市区集中连片的部分以及分散在近郊区与城市有着密切联系，具有基本完善的市政公用设施的城市建设用地[155]。城市市区则包括城区和郊区，市区范围实际上也是城市的管辖范围，要比城市建成区大得多。由于我国城市建成区更接近于城市的实体区域[156]，所以我们以城市建成区面积来表征中国城市用地。1985—1995年，全国城市由324个增加到640个，城市建成区面积从9 400平方千米增加到了18 400.9平方千米，年平均增长率约为4.9%。尤其在经济较为发达的珠江三角洲、长江三角洲和京津唐地区，城市建成区面积的增长更为迅速。1996 年以后我国在土地管理上采取了一系列更严格的控制措施，1996—2013 年，我国城市建成区面积由 20 214.18 平方千米增加到了 47 855.28 平方千米，年平均增长率接近 5.2%，仍然远高于世界发达地区平均 1.2%的城市扩张速度。通过对 1996—2013 年我国城市建成区面积的变化趋势进行拟合，可以看出（图 3-3）近年来我国的城市用地呈线性增长，判定系数（R^2）高达 97.6%，并以 99%的置信度通过了 T 检验和 F 检验。

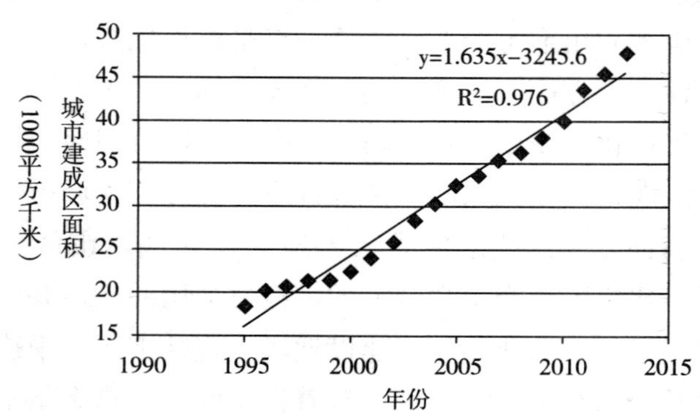

图 3-3　我国城市建成区面积变化图

资料来源：国家统计局统计年鉴，http：//www.stats.gov.cn.

城市用地扩张一方面是由于建设用地、工矿用地的大量增加，同时也是由于改革开放以来，经济的快速增长带动了人们收入水平和生活水平的极大提高，极大地刺激了人们对住房、环境、交通等基础设施的用地需求。1996—2006 年，我国人均住宅面积从 8.47 平方米上升到了 26.1 平方米，增长了 3.1 倍[①]。2012 年，我国人均住宅面积已经上升到了 32.91 平方米。我国人均道路、人均绿地和人均汽车拥有数量都在持续增长。1996—2006 年，人均道路从 7.26 平方米上升到了 14.87 平方米，人均绿地从 5.29 平方米增加到了 12.64 平方米（图 3-4）。

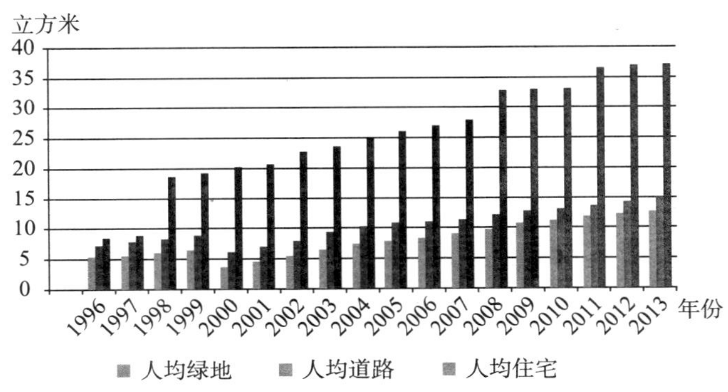

图 3-4 人均绿地、人均道路、人均居住面积柱状图

资料来源：1996—2014 年相应年份《中国统计年鉴》。

并且，随着小汽车等交通工具的发展，我国一些大城市已经出现了城市用地高速度、低密度向周边土地的无序扩张的城市蔓延现象。例如，蒋芳（2006）[157]对我国首都北京市城市蔓延的测度分析表明，北京的城市土地利用规模“超常膨胀”，以同心圆式蔓延、局部扇面式扩展、廊道式辐射、飞地式增长和黏合式填充等方式扩展，逐步形成“摊大饼”式外延发展的局面。

① 根据相应年份《中国统计年鉴》数据整理。

3.2.2 城市扩张造成的农地流失现状

根据土地的最佳用途布局，一般自然条件、位置较好的地区会最先发展成为城市的商业和服务用地，居住用地会临近商业和服务用地，再外围也就是城市的周边一般是农业用地，尤其是平整利用的可耕地、草地等。城市的不断扩张，必然侵占农地。

除了新中国成立初期，我国耕地曾经出现过一段快速增长外，改革开放以来，我国的耕地呈现出持续的减少状态。从耕地减少的态势来看，其减少的高速期都是与城市扩张建设的时期相关联的。1979—1995 年，我国耕地流失了 1 450 万公顷，通过整理和复垦补偿了 1 010 万公顷，虽然总量上只减少了 441.5 万公顷，但是从质量上来看，补充增加的耕地质量和区位都较差于流失的耕地。这一期间，耕地减少的高速期出现在 20 世纪 90 年代初，我国计划经济向市场经济转轨的初期，出现了“房地产热”、“开发区热”。尤其是 1992—1994 年，耕地面积从 9 542.58 万公顷减少到了 9 490.67万公顷，净减少 51.91 万公顷。

1996 年中央组织了耕地保护的专题研究，国家对耕地统计数据也进行了修正，从 95 466.5 万公顷修正到了 130 039.2万公顷。1996 年以前我国的耕地统计数据来源有 2 个渠道，国家统计局和国家有关部委，二者有不相一致的地方。1996 年以后，我国耕地数据有了统一的来源，即国土资源部。随着我国经济进入高速发展期，城市化水平不断提高，耕地数量却在持续减少。从统计数据看，1996—2006 年 10 年间我国耕地面积减少了 823.92 万公顷，总体减少趋势开始变缓，这也说明我国采取的一系列政策取得了一定效果。但是在 2001—2003 年仍然出现了耕地高速减少现象，全国各地出现的大学城、开发区建设大量占用耕地，导致短短 2 年内耕地共减少 422.36 万公顷。2003—2007 年间，我国耕地面积仍然呈递减趋势。2007 年 7 月 1 日，国土资源部第二次全国土地调查（以下简称“土地二调”）启动，至 2008 年年底，国土资源部所公布的耕地面积数据有所少量增加，主要也是受调查标准、技术方法改进及农村税费政策调整等影响。2009—2012 年，耕地面积依然呈现出连年递减的趋势。中国海关总署的最新统计数据显示，2012 年 1—12 月，中国粮食进口已达到 8025 万吨，同比增长 25.9%，相当于全年粮食总产的 12%，已经超过我国所制定的粮食自给率达到 95%这样的警戒“红线”。粮食安全的威胁依然是我国经济工作的重点，这也是为何 2013 年中央经济工作会议把“切实保障粮食安全”摆在 2014 年经济工作六大任务之首的重要原因（图 3-5）。

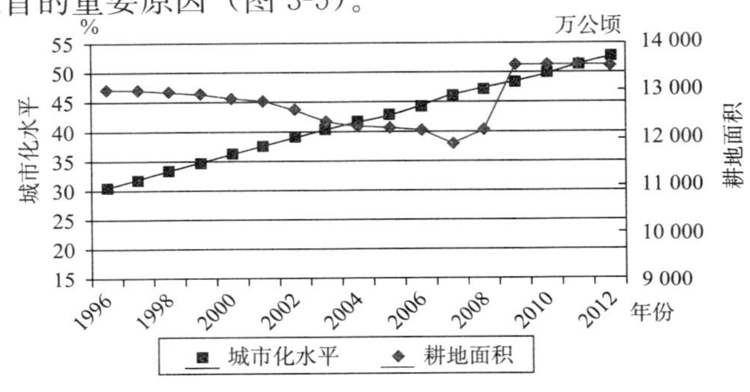

图 3-5　城市化水平和耕地面积的变化

资料来源：1996—2013 年相应年份《中国统计年鉴》、国土资源部统计公报。

据统计，1987—1995 年，我国因城市基础设施的开发与扩展损失耕地面积近 100 万公顷，占同期耕地损失与功能转化总量的 20%，其中近 1/4 集中在经济发展迅速的东部地区[158]。1997—2006 年，我国累计建设占用耕地 201.66 万公顷①，占耕地减少量的 17.2%，在导致耕地减少的四个因素中（包括生态退耕、建设占用、结构调整、灾毁），建设占用是仅次于生态退耕的导致耕地流失的主因。并且，我国通过土地市场整顿，2004 年查出往年已经建设但未变更上报的建设占用耕地面积 14.77 万公顷，2005 年为 7.34 万公顷，2006 年为 9.12 万公顷。根据我国 2006 年国土资源统计公报统计数据，全年新增建设用地 32.9 万公顷中，新增独立工矿建设用地 14.6 万公顷，新增城镇建设用地 7.4 万公顷，新增村庄建设用地 3.0 万公顷，新增交通、水利等基础设施建设用地 7.9 万公顷，可见，新增用地中主要是城市扩张用地。2013 年的国土资源公报中显示，2013 年共批准建设用地 53.43 万公顷，其中，农用地转建设用地 37.24 万公顷，占用耕地 21.96 万公顷。

徐宪立（2005）[159]等的研究表明，吉林、黑龙江、山东、广西、天津、河南和辽宁 7 个省区市（除河南和广西外，主要包括了东北地区和环渤海地区，是我国传统的农业生产基地），2002 年的区域耕地流向其他方向 121.8 万公顷，其中生态退耕、建设占用、结构调整、灾毁所占比例分别为 39.6%、29.4%、20.2%、10.8%，耕地净减少率在

① 1996 年以后耕地数据根据国土资源部公报整理。

0.7%～2.4%。处于我国长江流域、总体耕地质量较高的湖南、江苏、海南、安徽、云南、江西、浙江、湖北和福建等 9 个省，耕地净减少率在 3%～4.8%，区内耕地流向其他用途 187.2 万公顷，其中建设占用、灾毁、生态退耕、结构调整所占比例分别为 24.5%、6.9%、45.6%、23.0%，大量流失导致了耕地整体质量的下降。

尽管全国及地区的分类资料都表明，生态退耕是耕地减少的第一大因素，其次才是建设占用。但实际上生态退耕的土地本来就是不适宜耕作的土地，国家的生态退耕战略是科学的，也是有利于可持续发展、利于农地保护，建设占用才是威胁粮食安全、农地保护的最主要原因。如何控制城市扩张对耕地、甚至是优质耕地的占用，才是农地保护需要解决的主要问题。

3.2.3　城市扩张造成农地流失的原因

3.2.3.1　城市外延式扩张利用增量土地

城市土地是人口高度集中、利用最为充分的区域，因而城市土地的集约利用水平集约度较高，能够实现土地利用效率的提高、结构优化和合理布局，即城市土地一般是内涵式扩张，也即在“质”的扩张，主要在存量土地上进行，在现有城区内进行挖潜改造，提高现有城市土地的利用集约度，调整城市土地利用结构，挖掘城市土地的利用潜力。主要以城市用地结构的优化和效率的提高为表现，城市用地面积无需扩大，或者增加量较小但可以承载更多的城市功能，土地的产出率更高，等于提高了土地利用的质量，间接增加了可利用土地面积。这主要表现在城市空间的立体利用，例如，高层建筑、地下轨道交通、地下车库等的应用，促使城市用地向上和向下的挖潜利用，能够实现土地资源的节约利用。

城市的发展需要占用部分农地，是符合经济发展客观规律的。发达国家的发展经验表明，城市化首先是从土地开始的，土地是城市发展的依托，城市人口的增长也需要相应的土地供应。美国、日本从 1961—2000 年城市化水平都几乎提高了 80%，耕地总量也都出现了缓慢水平的下降[14]。曲福田（2004）[32]、李永乐等（2008）[34]验证了耕地资源库兹涅茨曲线的存在，认为建设用地的需求随着经济发展及城市化、工业化进程的加快不断增加，因而也促使了耕地的不断非农转用，城市用地“摊大饼”式的向外扩展、工业用地大量增加，当经济增长发展到较高阶段，对建设用地需求量将逐步下降。宋戈（2006）[7]的研究也很有代表性，认为随着城镇化水平的提高，耕地总量的减少和耕地的减少量是递减的。如果依此推论，随着城市化水平的不断提高，对建设用地的需求应该是不断减少甚至停止的。事实却是，我国城市化水平不断提高，农地也在不断流失。

这主要是由于我国的城市进程中，却出现了城市的盲目、外延式扩张，并且扩张主要是在新增土地上进行的。外延式扩张，也即“量”上的扩张，表现为城市建成区急速地向外围郊区无秩序的扩张，城市建设用地面积不断增加，也即通俗意义上所说的城市“摊大饼”式扩张。鉴于土地面积的有限性，而人类生存和发展既需要农业土地，也需要非农业用地，因此农业用地和非农业用地利用之间开始出现竞争。因而，城市发展所需要的大量建设用地往往是以牺牲农地为代价。换言之，农业用地为城市提供了发展空间。随着城市发展水平的提高，发展新的工业区、开发区和居住区以及商业地产制造了大量的土地需求，而现有城区改造所得建设用地面积已无法满足城市快速发展的用地需求，城市建成区便不断地向外推移。城市的边界不断地变化和扩张，农地的边界也无法稳定。城市边缘的农业用地（包括耕地、园地等）不断被侵占、转作城市用地，几乎是城市扩张到哪里，农民的土地便减少到哪里。农民向城市的集中导致新城镇的产生，或者已有城市规模的扩大，从而导致城市用地的外延式扩张。也就是说，城市的外延式扩张主要是在新增土地上进行的，而农地为城市扩张提供了主要的土地来源。相关资料表明，我国东、中、西部的土地被征用前 91.34%的土地用于种植粮食作物和经济作物，其中，东部地区征用的粮食用地占征地总面积的 62.08%，中部地区占 62.71%，西部地区占 56.6%。从征地用途来看，这些土地被征用后，修路占 29.11%，建工厂占 28.49%，城市建房占 24.16%，建科技园区占 8.64%，其他形式占 9.6%[160]。谈明洪(2004)[13]通过对全国 145 个大中城市的建设用地扩张研究，认为这些城市扩张主要是占用耕地，有 70%的新增加城市建设用地来自耕地，东部地区城市建设用地扩张占用耕地的比例最低为 69%，中部地区为 72%，西部地区最高，为 80.9%，高于全国平均水平近 11 个百分点。

正是因为城市的这种粗放、外延式扩张，并且扩张主要在增量土地上进行，而导致农地不断的流失。

3.2.3.2 城市扩张引发农地增值与市场价格扭曲导致农地过度流失

影响土地价格的不仅有土地供求因素、土地位置因素，还有在土地上连续的资本投入。按照市场供求规律，在土地供给数量一定的情况下，土地需求的增大会导致土地价格的上涨，通过价格的升降便可以调节城市扩张中这种土地在农业和非农业之间的竞争供求。一方面，城市扩张对农地的需求不断提升，催生了农地的价值增值；另一方面，由于市场机制的不完善，城市扩张中占用农地的价格补偿并没能按照农地的真实价值为基础，导致价格扭曲，创造了套利空间。这两个原因共同作用促使了农地的过度流失。

1. 城市扩张引发农地增值的过程

大多数学者认为土地增值是土地价格的上升[161]，也有的认为土地增值指土地价值的增长，增值有正有负，包括投入增值与公共增值，自然、经济、人口因素，公共设施投入，土地利用的外部效果、制度的外部性及制度变迁都有可能产生土地增值[162]。有的学者指出按照增值来源将农地增值分为自力增值和自然增值，自力增值是指农地所有者或者使用者对农地进行投资、投劳，改善土地的物理、化学、生物、地质性状，改善或增加农地的附着物，从而使农地增值。农地自然增值则是指农地的总增值额扣除农地自力增值而剩下的增值额，这部分的增值是因土地所有者或者使用者行为之外的其他的复杂的原因所引起的增值[163]。

归纳以上分析，我们可将城市扩张引发的农地增值归因于以下几方面：①技术推动的增值，即农地使用者或经营者在长期的土地使用和经营过程中，对土地不断进行人力、物力等资本投入改造，而引起农地的自然增值；②供求推动的增值。从供求分析来看，农业用地的供给相对于建设用地的供给要充足，城市扩张导致建设用地的需求不断增长，而建设用地的供给相对不足，将会引发农用地向建设用地的转化，造成土地供给小于需求而引起土地增值；③用途转变推动的增值，土地利用类型改变，如由农业用地转为建设用地，工业用地转变为商业、金融用地，由住宅用地转变为商业用地等，从而产生土地增值；④投资推动的增值，政府对城市公共设施的不断投入，如道路、服务设施的改善，使投资环境得到改善，或因土地使用者投资而产生的土地收益的扩散效应而引起的土地增值；⑤政策导向的增值，由于方针、政策的改变，引起土地投资的需求增加，导致土地增值。

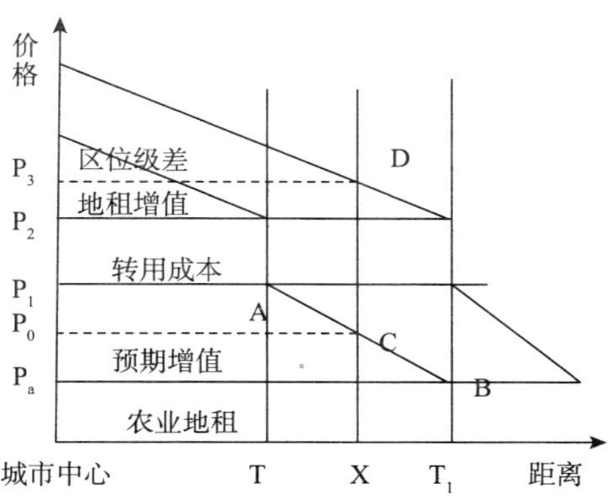

图 3-6　城市边界扩张下的土地价格变化

资料来源：张鹏，张安录．城市边界土地增值收益之经济学分析-兼论土地征收中的农民权益保护［J］．中国人口·资源与环境，2008，18（2）：15.

城市扩张所引发的农地增值正是以上几类原因综合作用的结果。如图 3-6 所示，随着城市边界的向外扩张，离城市最近的周边农地被占用可能增大，政策、供求的变动会使人们的土地增值预期增加，随之，地价也增大到 P_1。从离城市中心较近的边界 T 处向外，预期地租增值随着到中心距离的大小而递减，如从 A 到 B，B 点减少到零，该处地价等于农业地价，AB 是预期地租增值递减线。当城市扩张到 T' 时，由于经济增长使价格曲线向外平移，与初始边界一定距离的 X 点的地价与预期地租增值递减线相交于 C 点，对应初始地价为 P_0，高于农业地价 P_a。随着时间推移，X 点已经位于城市内部，该点与区位级差地租价值曲线相交于 D 点，对应地价 P_3，P_3 要减去转换成本（P_2-P_1），这个价格已经包含了级差地租，不仅远高于农业地租 P_a，也高于 P_0，若城市区域继续扩张，X 点地价将继续增长下去。并且边缘区农地流转后，对邻近土地的升值预期也会导致农户们粗放经营甚至出现抛荒土地的行为。

2. “度”的衡量

随着城市经济发展、人们收入水平提高，对有限土地需求的不断增加，供求的不平衡必然会产生农用和非农用之间的需求竞争。钱忠好（2003）[29]，孙圣军、刘芳（2006）[30]都从理论上论述了土地资源在农业部门和非农业部门的配置，谭荣、曲福田（2006）[18]将农地非农化过程中的农地流失分为过度性损失和代价性损失。代价性损失是指在市场功能完善的情况下，要实现区域经济增长而必须付出的代价，过度性损失是指政府过度干预农地非农化市场价格而导致的过度非农化。这些研究都为城市扩张中农地在农业和非农业部门之间的配置分析提供了基础。

随着城市的扩张，邻近城市的土地价格增长，农地转变用途的吸引力增强，农地非农转用之间产生巨大的增值收益空间都促使农地不断向非农用途流出。假设一个社会中只有农业和非农业两个部门，土地只在这两个部门之间进行分配，初始的农地和非农用数量分配均衡于 E 点，Q_0 为市场自由竞争配置的农业用地和非农业用地的均衡点。随着城市扩张土地需求增加推动非农用地边际收益上升至 MR_{u1}，农地开始向非农用途流转，这时将有 Q_0-Q_1 的农地转为非农用途，这种流失是一种过度化的流失，这种流转的农地价格并没有考虑农地利用的外部效益，那么这种转用也并没有支付生态成本，因此农地价格并没有反映生态效益。假设政府将农地的生态效益等正外部效益考虑在内，对农地转用进行适度干预，提高农地转用的成本，同时提高农地的收益补偿，也就是使农地城市流转的边际收益 MR_{u1} 降低至 MR_{u2}，这时新的数量均衡点为 Q_2（图 3-7）。

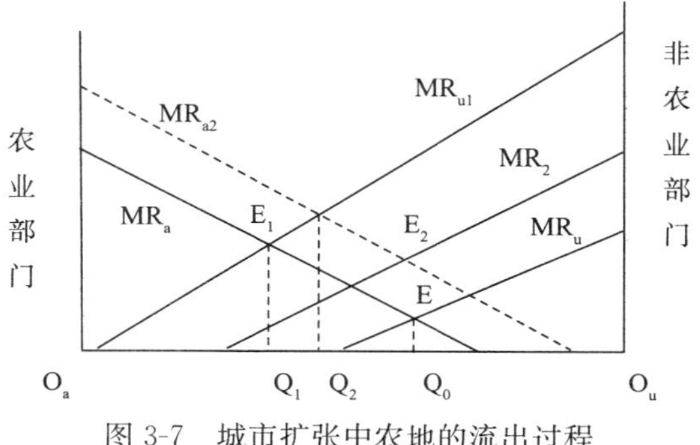

图 3-7　城市扩张中农地的流出过程

在市场完善的情况下，合理的城市扩张占用农地的“度”应该是使土地资源在农业和非农业部门之间的市场配置达到最优，既没有低估农地价值而造成的农地过度占用，也没有政府僵化的行政控制农地转用的数量而对农地价格造成的扭曲。

3.3 关中地区城市扩张中的农地保护威胁

3.3.1 关中地区概况

关中地区位于陕西中部，秦岭山系与黄土高原南缘山脉之间，因为地处古代四关（东潼关，西大散关，南武关，北萧关）之中而被称作“关中”。关中地区平均海拔约500米，面积5.6万平方千米，约占陕西全省面积的27%。土地肥沃，物产富饶，又有秦岭、黄河等山河屏障，号称“八百里秦川”，因此关中地区又是陕西省的粮仓。该地区包括西安市、铜川市、宝鸡市、咸阳市、渭南市、杨凌示范区5市1区，涵盖35个县（市）和19个区，是陕西政治、经济、文化的中心区域。人口2 372.86万人，其中县域人口达到1 285.51万人，占关中地区人口的54.2%。关中地区拥有陕西全省80%的科技资源，是陕西现代制造业基地，工业发达，各类工业园区高度集中，西安、宝鸡、咸阳、渭南均拥有国家级高新技术产业开发区。同时，关中也拥有深厚的历史、人文景观旅游资源，以西安为中心的古都城遗址人文景观，依秦岭北坡诸多山脉而形成的宗教人文景观，以及以渭河两岸园地为主的古代帝王陵墓人文景观。

关中地区是全国重要麦、棉产区，小麦占耕地面积

50%左右。根据陕西省国土资源厅 2013 年 7 月发布的土地详查数据表明（图 3-8），2012 年末关中地区土地总面积为 210 499 03 公顷，其中耕地面积为 1 691 445.61 公顷，占土地总面积的 8.04%。

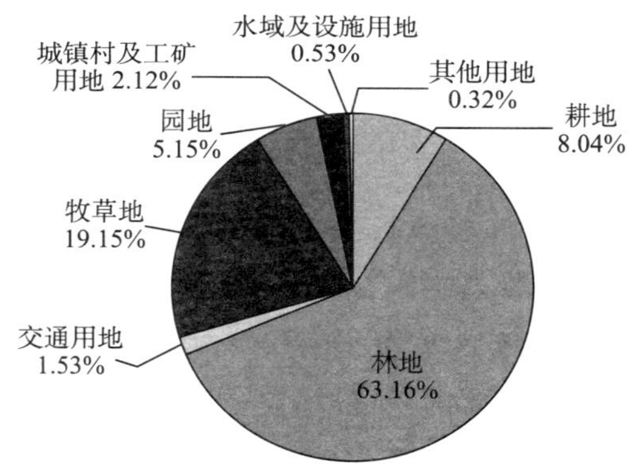

图 3-8　关中地区土地利用结构现状

由于地处内陆及半湿润和半干旱气候带（东经 106°18′～110°36′，北纬 33°35′～35°50′），关中地区水资源贫乏，人均水资源拥有量仅为 400.5 立方米，远低于人均 1 000 立方米的国际缺水下限；年平均降水量仅为 500～700 毫米，其中 6—9 月占 60%，干旱灾害频繁，是我国北方典型缺水和城市干旱频发地区[164][227]。

3.3.2　关中地区城市扩张占用农地状况

新中国成立以来，关中一直是全国生产力布局的重点区域，在全国区域经济战略格局中定位为陕西乃至西北地区的重要生产科研基地，形成了高等院校、科研院所、国有大中型企业相对密集且能够辐射西北经济发展的产业密集区，在全国区域经济发展中占有重要地位。并且得益于关中地区厚重的历史文化以及丰富的自然景观，形成了以盛唐为代表的旅游产业群。

近年来，随着西部大开发战略的深入实施，关中地区经济飞速发展，GDP 由 2005 年的 2 233 亿元增加到了 2010 年的 6 533 亿元，2014 年更是增加到 11 105.2 亿元，占全陕西省比重的 62.6%。随着经济的迅猛发展，关中地区城镇建设步伐也明显加快。根据陕西省住房和城乡建设厅在 2011 年 5 月发布的“十二”建设规划分析表明，2000 年关中地区的城镇化水平为 33.65%，在 2005 年增加到了 43.02%。2008 年，陕西省人民政府发布了《关于加快关中地区小城镇建设的意见》，提出建设以西安为中心的关中城市群 。2009 年，关中—天水国家级经济区正式获批，国家意欲将其发展为“全国内陆型经济开发开放的战略高地”，可以和东部三大都市圈抗衡的西北内陆经济增长极，并且规划 2020 年城镇化水平达到 60%，通过构建核心城市、次核心城市、三级城市、重点镇和一般镇组成 的城镇体系，加快人口聚集、产业聚集，构筑较大规模的城市群。并且随着以高速公路和国道为主骨架的关中地区整体公路规划实施，以西安环城高速为始点，将关中城市群主要城市连接并向外辐射，依托西（安）宝（鸡）、西（安）潼（关）、西（安）延（安）这三条高速公路和陇海、西（安）包（头）铁路，形成西宝、西潼、西延三条发展主轴线。这些举措都极大地促进了关中地区城镇化发展的进程。

根据陕西省统计数据显示，2010 年陕西全省城镇人口达 1 761.2 万人，城镇化水平达 46.5%，分别较 2005 年增加了 376.2 万人和 9.3 个百分点。2010 年，关中城镇化率也提升到了 46.6%，较 2005 年增加了约 3.6 个百分点。2014 年末陕西省城镇人口达 1 984.58 万人，城镇化水平提升到了 46.5%，同年，关中地区的城镇化率也进一步提升到了 55.59%。

然而，虽然我国实行了最严格的耕地保护制度，制定了 18 亿亩耕地红线，伴随着城镇化水平的不断提高，耕地面积在不断减少（图 3-9）。根据陕西省国土资源厅的数据显示，2002—2009 年陕西省新增建设用地约 5.2 万公顷，建设占用耕地面积为 4.23 万公顷，占新增建设用地总面积的 81%。

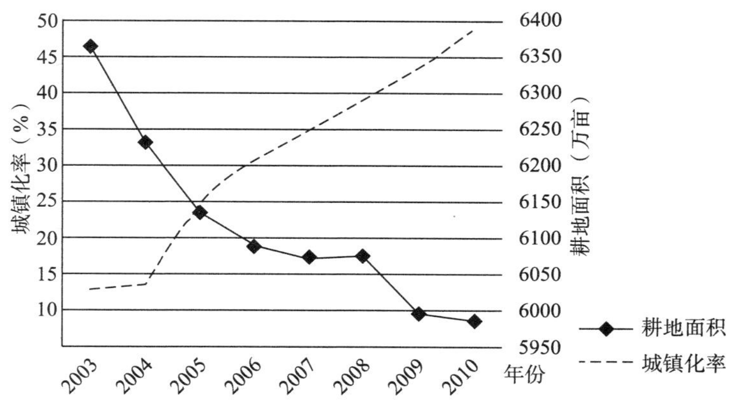

图 3-9　2003—2010 年陕西省耕地面积、城镇化率变化状况

随着城镇化水平的不断提高，关中地区的土地利用状况也发生了极大变化。关中主要城市的建成区面积从 2000 年

以来不断提高，2003—2012 年，关中最大城市西安市建成区面积从 204 平方千米提高到了 449 平方千米，咸阳市的建成区面积也从 45 平方千米提升到 82.96 平方千米（图 3-10），随着 2014 年西咸新区作为第七个国家新区获得国务院批准（国函［2014］2 号文件），该区域的城市建设仍将继续扩大。

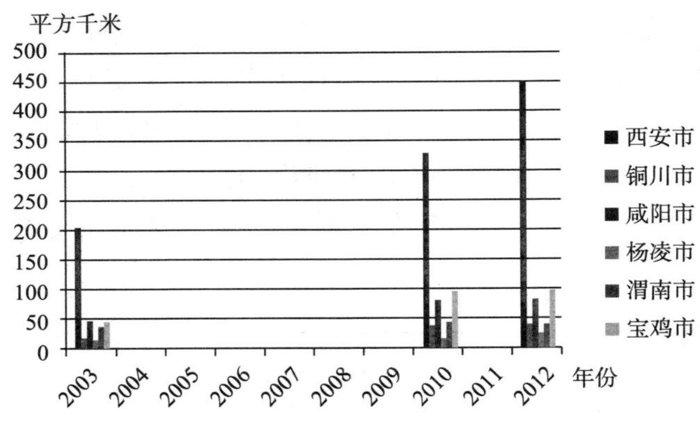

图 3-10 关中主要城市建成区面积

资料来源：陕西省统计年鉴，陕西省住房与城乡建设厅数据。

宋维念等通过遥感数据对关中地区近 30 年来的土地利用/覆被状况研究结果显示，关中地区主要土地覆被类型是耕地，占到关中地区土地面积的 50％，其次是林地和草地，建设用地、水域、未利用土地所占面积比重不大。1980—2007 年，关中地区的建设用地持续上升，这也是城市化发展的表现；1980—1990 年，林地、草地、水域面积有所增加，耕地面积则持续减少；1990—2000 年，林地、草地、水域面积大幅度下降，耕地面积有所增加，林地、草地、水域向耕地转移，土地利用程度提高，即很多未利用地被开发利用；在此期间，建设用地持续扩大，以耕地减少为代价，约有 458.26 平方千米耕地转为居民点及建设用地。2000—2007 年，林地、草地面积上升，水域面积保持较低状态[164]。解修平等（2013）利用遥感 GIS 数据对关中地区利用变化进行了模拟，2000 年随着西部大开发的开始，关中地区城市化速度非常快，使得城市不得不占用大量的优质农田作为代价。在 2000—2010 年，研究区的城市扩张和基本农田保护之间已经开始产生矛盾；研究区土地利用实际变迁面积约占全区总面积的 24.39%，也就是说全区约 1/4 的土地都发生了变化，从这些可以看出研究出人类活动之强烈。通过模拟预测得出，建设用地面积逐年增加，到 2020 年，建设用地将增加 273 902 公顷，其主要由耕地和草地转化而来，这就使得城镇建设发展与基本农田保障之间的矛盾显得尤为突出[140]。

表 3-2　关中地区建设占用耕地面积

单位：亩

年份	指标	陕西省	西安市	铜川市	咸阳市	杨凌区	渭南市	宝鸡市
2005	建设占地	17 245.8	3 422.7	2 528.7	3 679.4	20.9	3 161.5	1 062.8
	占用耕地	12 535.4	3 016.8	1 124.2	2 493.5	20	2 846.1	886.1
2006	建设占地	118 027.8	14 600.1	496.8	12 419	0	12 013.6	11 446.9
	占用耕地	64 144.9	10 198.7	354.7	9 405.4	0	9 218.8	9 930.7
2007	建设占地	41 621.8	15 576	1 772	908.8	482.1	3 558.9	4 145.8
	占用耕地	23 036.2	11 204	775.1	890	471.3	3 183.5	3 763.8

（续）

年份	指标	陕西省	西安市	铜川市	咸阳市	杨凌区	渭南市	宝鸡市
2008	建设占地	25 666.4	5 213.2	477	1 436.6	39.8	3 816.9	923.8
	占用耕地	8 207.4	3 466.5	244	626.5	29	1 779.4	599.8
2009	建设占地	202 561.8	38 812	5 274.5	18 443.8	542.8	22 550.9	17 579.3
	占用耕地	107 923.9	27 886	2 498	13 415.4	520.3	17 027.8	15 180.4

资料来源：陕西省国土资源厅，陕西省土地利用现状数据，2013.7。

根据陕西省的土地利用现状数据集（表3-2）也可看出，2005—2009年关中地区主要城市建设占用土地源于耕地占用，建设占用耕地基本上逐年增加，2005年为13 876亩，2009年则已增加到了103 203.3亩。其中，西安市平均70%以上的建设占地来自于耕地占用，关中第二大城市宝鸡市平均80%以上的建设占地来自于耕地占用，关中其他几个主要城市建设占地来自于耕地占用。非农建设占用耕地的数据基本上能反映出农地非农化的情况，参照许恒周等[165]的计算非农化率公式：

$$K_i = \sum kt/n,\ kt = (Qt/Lt) \times 100\%$$

式中：K_i——研究期间年均农地非农化率；n——年际变化数；t——时间；Q_t——t年农地非农化面积；L_t——t年末农地面积。

以2005—2009年陕西省历年耕地被建设用地占用的数量及年耕地面积为基础，可以得到关中地区主要城市的农地非农化率在2005年约为0.077%，到2009年约为0.4%，农地非农化的变动幅度除个别年份外，基本处于逐年小幅递增状态。

3.3.3　关中地区农地保护面临的其他相关威胁

3.3.3.1　水资源紧缺

水资源不仅是制约农业发展的关键因素，也是维持城市生态系统的重要基础。农业水资源缺乏，导致可灌溉农田无水可灌溉，因此而变干涸，导致减产。而城市化水平越高，经济发展和人口密度越大，水资源的需求就越大，缺水将严重影响工业生产、人民生活。关中从历史上是水资源严重缺乏的地区之一，降水量较少，且降水量不均匀，西部多于东部，因此十年九旱。人均水资源拥有量仅为 400.5 立方米，远低于人均 1 000 立方米的国际缺水下限；年平均降水量仅为 500～700 毫米，其中 6—9 月份占 60%，干旱灾害频繁，是我国北方典型缺水和城市干旱频发地区[166]。作为关中地区主要水源依托的渭河流域，属资源型缺水地区，因水源不足、水质污染等因素，在大量挤占农业和生态用水的情况下，目前日缺水量仍达 55 吨左右，供水形势十分严峻。渭河流域当前是以超采地下水、减少冲沙水、牺牲生态水为代价暂时发展经济的。

可以想见，未来，随着城市的进一步扩张，工业用水、城市用水、农业用水之间的竞争将是农地保护要面临的主要威胁之一。关中地区随着城市化水平的进一步提升，未来还将有大量的人口进入城市，持续的人口增长和城市扩张加大了水资源需求的巨额增长，水资源短缺将会成为制约关中经济社会快速发展的现实瓶颈。农地保护不光是指农业土地总量的保护，中国科学院的研究表明到 2030 年粮食需求大约会是 6.6 亿吨，比 1996 年的粮食产量增加了 1.8 亿吨，报告指出由于水缺乏导致的年粮食减产量大约是 7 000 万~8 000万吨。用水缺乏将会是中国粮食生产的一个主要瓶颈。因此，能保证粮食亩产的优质农地才是农地保护的重中之重，也是保证我国粮食自给率达到国际标准的一个重要保证。

3.3.3.2 宅基地闲置

国际历史经验表明，一个国家或地区的居民收入水平，往往与该国或者该地区的城镇化率成正比。同时，城镇化也是一种人口聚集、集约化的土地利用方式，能够减少土地的粗放利用，节约集约利用土地。然而，随着关中地区进入经济发展的快车道，因城镇化却导致耕地面积不断减少，经济建设和住房建设不断超越“稳定基本农田、加大耕地保护力度”的约束边界。两栖占地、宅基地闲置不仅是城镇化过程中导致耕地占用的一个重要原因，也是农地保护面临的又一个相关威胁。

一方面，因为土地管理、征地补偿、就业、社会保障和户籍管理等制度的不够完善，使得进城农民工无法在城市定居并享受与城市市民平等的福利待遇，自然会把保留农村宅基地和耕地作为其最后的保障。这种“两栖”式的用地方式自然造成了双重占地、宅基地闲置与用地紧张现象并存。另一方面，随着农村收入、特别是农民工进城务工经商收入的增加，农民在村庄建房、改善居住环境蔚然成风，导致村庄规模不断向外扩张，许多良田被占，“吃饭与建设”的矛盾异常尖锐。城镇化虽然减少了农村人口，但却出现了农民住宅占地面积不断扩大的现象[167]。改革开放后，农地实施家庭联产承包经营制度，农民宅基地实行规划控制、分级限额审批、逐步推行“一户一宅”的制度。随着我国市场经济体制的逐步建立，大量的农村人口流向城市务工、经商，由于城市房地产价格高企，进城农民工收入整体较低，因此，绝大多数农民工在城镇买不起房，被迫成为在“乡—城”流动往返的两栖人口，也有很多在城市接受高等教育的农村人口毕业后在城市安家落户。这就造成原本留在农村的宅基地，无人居住或者只有老年人及幼儿居住，农村青壮年人口的缺乏，出现被称之为“空心村”的状况。多种原因交织造成了城镇化减少了农村人口，但却出现了农民住宅占地面积不断扩大的现象。

2014 年国家统计局西安调查队通过对临潼区 10 个行政村的宅基地使用情况调查后发现，村内房屋空置现象严重，调查的 10 个行政村有宅基地 6 987 处，闲置 521 处，闲置宅基地占全部宅基地的 7.5%，平均每个村落有闲置宅基地 5.21 处，闲置宅基地占地面积约为 199.2 亩，平均每处空置宅基地占地 2.62 亩；在这闲置的 521 处宅基地中，闲置时间超过五年的宅基地有 393 处，占全部闲置宅基地的 75.43%，无房宅基地空置 5 年以上的达 167 处，占全部的闲置宅基地的 30.05%，有房宅基地闲置 5 年以上的达 226 处，占全部闲置宅基地的 41.91%。按照该比例计算，2014 年陕西省有 26 589 个行政村，闲置宅基地约有 138 529 处，浪费土地面积超过 36.29 万亩。我们在 2011 年，2012 年，2013 年、2014 年持续对关中、陕南等地区耕地占用、宅基地退出情况的入户调查统计发现，耕地减少的原因中

30.3%来源于交通道路建设，32.4%来源于人口增加，20%来源于宅基地增加。9.2%来源于城市、住宅开发等。在2012年进行的1 500多份入户问卷调查中发现，人均耕地减少的原因中，13.5%认为是城市、住宅的开发，47.3%认为是交通道路的建设，39.2%认为是宅基地增加。在2014年在关中地区（西安、宝鸡、咸阳、铜川）、陕南地区（商洛、汉中）、陕北地区（榆林、延安）发放的450份问卷调查中，收回的420份有效问卷，经统计受访农户共有533处宅基地，平均每户1.27处宅基地，受访农户中拥有宅基地最多为5处，大部分农户的宅基地数量集中在1处或2处，这两部分占有效样本比重分别达到76.67%和20.71%。大量闲置或废弃的宅基地作为沉淀的资产儿被搁置不能发挥其应有的价值，相反农村建设用地却在逐年增加，农民倾向于靠近城镇、公路旁、道路两旁新申请宅基地建房，农村用地在无序建设中不断地蚕食着宝贵的优质耕地。

3.3.3.3 农地价值被低估

关中地区的城镇化进程中也伴随着农地的大量非农化，农地被非农建设占用不仅丧失了经济价值和部分社会价值，其生态价值也会丧失。但是在农地征用或转用过程中，对农地价值评估大都局限于对其经济生产价值的评估，忽略了对生态价值的评估，这种低估不仅造成了农地征用时价值被低估、补偿不合理，也造成了农地被低价征用高价转出的套利空间。

参照Costanza与谢高地等对生态系统服务分类方法，可将陕西地区农地利用生态系统服务分为土壤保持、涵养水源、净化空气、维持生物多样性、娱乐文化等共5类服务功能。这些价值随农地的存在而存在，随农地的消长而消长。根据谢高地[168]、吴克宁[169]、郭霞等人[170]的总结的生态服务价值核算方法，可建立损失农地的生态价值评估模型（表3-3）。

表3-3　农地非农化过程中损失农地的生态价值评估模型

农地生态损失价值类型	计量模型	指标说明
土壤保持	$V_{废弃}=S\times P_f$	S为建设占用耕地的面积（公顷）；P_f为单位面积土地复垦费（元/公顷）
涵养水源	$V_{涵养}=S\times R\times\theta\times P$	P为水的影子价格（由建设水库库容的成本确定），R为平均降水量（毫米），θ为径流系数，S为建设占用耕地的面积（公顷）
净化空气	$V_{净化}=(VCO_2+VO_2)\times S$	VCO_2表示农用地生态系统单位面积固碳价值；VO_2表示农用地生态系统单位面积年供氧价值；S为建设占用耕地的面积（公顷）
维持生物多样性	$V_{生物}=S\times P_{生物}$	S为建设占用耕地的面积（公顷）；$P_{生物}$表示修正后的陕西省耕地生态服务系统单位面积维持生物多样性单价
休闲娱乐	$V_{文化}=S\times P_{文化}$	S为建设占用耕地的面积（公顷）；$P_{文化}$表示修正后的耕地生态服务系统单位面积休闲娱乐单价
总计	$V_{总}=\sum_{i=1}^{n}V_i$	

根据上述公式对陕西省2000—2009年损失农地的生态价值进行了评估，计算可得（表3-4）。

表 3-4　2000—2009 年陕西省农地非农化过程中损失农地的生态价值

单位：万元

年份	土壤保持价值损失	涵养水源价值损失	净化空气价值损失	维持生物多样性价值损失	娱乐文化价值损失
2000	46 536.24	1 100.91	1 119.97	401.54	66.92
2001	47 208.24	1 116.81	1 136.14	407.34	67.89
2002	58 400.29	1 381.58	1 412.52	506.43	84.4
2003	61 600.3	1 457.28	1 489.92	534.18	89.03
2004	85 560.43	2 024.1	2 059.15	738.27	123.04
2005	35 040.17	828.94	847.51	303.86	50.64
2006	75 040.38	1 775.23	1 814.99	650.73	108.45
2007	46 880.23	1 109.05	1 133.89	406.53	67.75
2008	73 600.37	1 741.16	1 780.16	638.25	106.37
2009	71 920.36	1 701.42	1 739.53	623.68	103.94
合计	601 787.01	14 236.48	14 533.77	5 210.82	868.45

在损失农地的各生态价值组成部分中，陕西省农地非农化过程中损失农地生态价值主要分为土壤保持价值，总值为 601 787.01 万元，占总损失生态价值的 95%，比重最大；净化空气价值和涵养水源价值相当，分别为 14 236.48 万元和 14 533.77 万元；维持生物多样性所占比重为 0.8%，比重最小的是娱乐文化价值。经过计算可知，陕西省农地非农化过程中损失农地的生态价值也以土壤保持价值、涵养水源价值为主。而这些价值在农地补偿中是没有被核算进去的，所以也导致农地价值被低估。

3.3.4　以关中主要城市西安市为例的用地扩张分析

3.3.4.1　城市用地扩张历史演进及现状

关中地区最大城市——西安市，是陕西省省会，介于东经 107°40′～109°49′和北纬 33°39′～34°45′。新中国成立后至今，城市规模不断扩大。西安市的城市扩张可以大体分作以下五个阶段（图 3-11）：

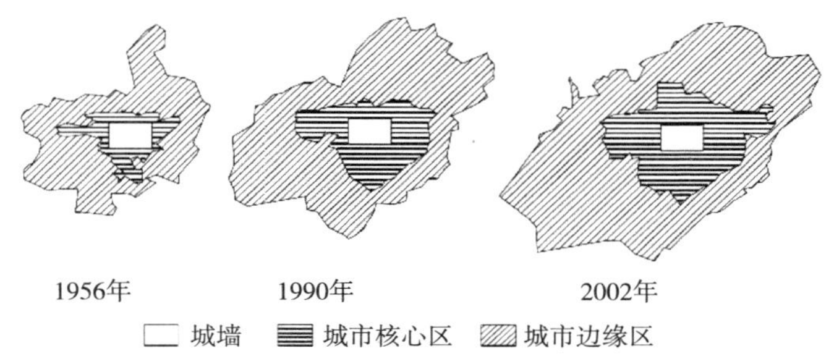

图 3-11　西安城市核心区和边缘区扩张示意图

资料来源：钱紫华，陈晓键．西安城市边缘区空间扩张研究［J］．人文地理，2005（3）：55.

第一阶段（1949—1959 年），初步扩张期。西安由于历史和地理战略位置而受到重视，1950 年率先编制“都市发展计划”，继而结合 17 项国家重点建设目的布局选址编制出《西安市 1953—1972 年城市总体规》，初步形成了合理的城市功能分区，城市建设快速发展。1956 年时城市核心区面积已达到 67.9 平方千米[①]，城市边缘区范围内的面积是 337.7 平方千米。这一时期城市边缘区向城市东北和西北两

① 城市边缘区是指受城市辐射影响的过渡地带，城市建成区是指城市中基础设施和地面建筑已经建成的区域。

个方向扩张较为迅速。

第二阶段（1959—1979 年），增长滞缓期。20 世纪 60 年代初期“大跃进”的负面影响，经济建设处于低潮，市政公用设施建设急剧收缩，投资锐减。尽管在 1962 年城市建设开始恢复，但在接下来“文革”极“左”思潮的影响下，城市规划被视无用，城建管理机构被撤销，城市建设严重滞后。

第三阶段（1978—1998 年），恢复增长期。十一届三中全会后，西安城市建设步入新的发展时期，在 1980 年和 1995 版城市总体规划的指导下，城市建设按照“统一规划、合理布局、综合开发、配套建设”的原则快速发展，城市综合功能显著增强。1978 年西安仅有 7 区 1 县，人口 490 多万，全市土地面积为 1 066 平方千米。1990 年城市核心区面积为 133.6 平方千米，城市边缘区范围内的面积是 587.0 平方千米。这一时期城市边缘区在各个方向形状较均衡。

第四阶段（1998—2008 年），快速开发期。1998 年国家提出的“西部大开发”战略为西安加快发展经济、加快城市化进程提供了难得的机会，城市建设也进入高速增长期。2002 年城市核心区面积 193.4 平方千米，城市边缘区范围内面积为 813.5 平方千米。城市西南增长的指向性非常明确[149]。2006 年西安市城市建成区面积已达 268 平方千米。

第五阶段（2008 年至今），都市圈扩展期。2008 年 5 月，国务院正式批复西安市新一轮城市总体规划，按照新一轮的城市总体规划，西安市将会发生“质”的改变。2008 年西安城区版图扩大了近 10 倍，全市面积为 9 983 平方千米，人口增加到了807万，拥有9个区4个县。2009年6月，国务院批准实施《关中-天水经济区发展规划》，在国家战略层面上提出2020年西安建设成为800平方千米、1 000万人口以上的“国际化大都市”。定位建设目标为打造国际一流旅游目的地、国家重要的科技研发中心、全国重要的高新技术产业和先进制造业基地，以及区域性商贸物流会展中心、区域性金融中心，将逐步建设成为国家中心城市之一、富有东方历史人文特色的国际化大都市、世界文化之都。以辅城为咸阳中心城市，诸多城镇沿国道线呈放射状分布。明确了“五大主导产业”的发展重点、形成了“五区一港两基地”的发展格局。“西安都市圈”以主城为西安中心城市，辅城为咸阳中心城市，诸多城镇沿国道线呈放射状分布。西安都市圈统筹整合区域产业布局与功能分工，形成围绕西安逐步向外辐射的四个功能圈层：功能核心圈、功能强化圈、功能辐射圈、功能扩散圈，然后凭借两区两园两基地实现功能与产业协调发展。2008—2013年，西安生产总值年均增长13.7%，2013年农民人均纯收入12 930元，同比增长13.0%，高于城镇居民人均可支配收入增幅2.6个百分点，城乡居民收入比由2008年的2.92∶1缩小为2.56∶1，城乡居民收入差距进一步缩小①。

总的来看，20世纪80年代以前西安市的城市扩张以向外扩张为主，80年代以后，基于城市主要干道以轴向扩张为

① 西安市统计局：《数据折射大变化 改革铸就新辉煌——西安改革开放35年成就综述》分析报告，2014-06-26。

主，以开发区的建设、工业布局及居住区的连片开发为主[171]。到 20 世纪 90 年代初期时，随着城市化发展，西安开始大规模的城市建设，使原来稀疏的城区开始集中连片，城区开始扩张至东到灞桥、西到三桥、北到龙首村、南到丈八东路、西高新区域的更大范围，整个城市道路骨架网基本成型，城市绿地等公共设施显著增多。2008 年之后，随着地铁网络的建设，西咸新区、沣渭新城的建设落实，西安都市圈扩展迅猛。

1978 年西安市城市非农人口为 159.98 万人，建成区面积还仅有 95 平方千米，到了 1990 年非农人口增至 226.98 万人，建成区面积增长到了 138 平方千米。从 20 世纪 90 年代以来，西安市更是进入了高速增长期，2006 年，非农人口为 353.85 万人，城市建成区面积已经增长到了 268 平方千米①。1991—2007 年，以人口比重测算，西安市的城市化水平从 37.5%增加到了 45.7%，城市建设用地从 120.7 平方千米扩大到了 333.38 平方千米，增长了 1.76 倍，非农业人口增加了 53.5%，非农国内生产总值增加了 5.5 倍（表 3-5）。这意味着西安市城市化进程已经进入高速发展阶段，经济发展水平极大地提高。人口规模、城市经济规模的增大，都意味着城市用地面积的增加，也就意味着对城市建设用地需求的增加。至 2013 年年底，西安市城市建成区面积新增 410 平方千米，达到 505 平方千米。2013 年常住人口 858.81 万人，比 1990 年增加 240.86 万人，年均增加 18.52 万人。

① 建成区面积数据来源于中国城市统计年鉴。

通过城市扩张速率（城市年均扩张面积）来表现城市扩张，其公式为

$$V=\frac{S_{T2}-S_{T1}}{T_2-T_1}$$ ①

其中，V 为城市扩张速率，S_{T2}，S_{T1} 为某一时段城市新扩张的面积，T_2，T_1 分别为起止时间，单位为平方千米/年。

1978—1990 年西安市的扩张速率为 3.56 平方千米/年，从 1990—2006 年为 7.69 平方千米/年，而从 2007—2013 年则已上升为 28.6 平方千米/年。一般地，城市用地扩张的合理性系数通常用城市用地增长率比城市人口增长率来表示，该值过大，势必造成城市占地过多，土地利用低效率。根据表 3-5 数据计算，西安市 1999—2006 年的城市用地弹性系数为 3.46（中国城市规划院的研究，通常认为 1.12 比较合适），2007—2013 年的城市扩张速率为 3.26，说明西安市近年来的城市用地扩张速度非常快。

为了说明西安市城市扩张的驱动力因素，运用回归模型对 1991—2007 年建设用地变化进行解释。在分析过程中，运用德尔菲法，分别选取 5 个因素作为自变量：①非农产业产值，反映非农产业的发展对建设用地面积变化造成的影响；②全社会固定资产投资，反映固定资产投资变化对建设用地变化的影响；③非农业人口，反映城市人口的增长导致对土地使用需求的增长，进而对建设用地面积变化的影响；④人均耗电量，反映工业发展对建设用地面积的影响；⑤人

① 张咏梅．城市化背景下的农地保护［D］．北京．北京师范大学，2005.

均居住面积，反映城市化进程中居住环境的改善对建设用地面积造成的影响（表 3-5）。

表 3-5　西安市 1991—2013 年建设用地数量变化及其影响因素统计

年份	建成区面积（平方千米）	非农产业生产总值（亿元）	固定资产投资（亿元）	非农业人口（万人）	人均耗电量（千瓦时）	人均居住面积（平方米）
1991	120.70	118.97	30.76	230.85	763.74	6.31
1992	130.25	146.07	38.48	236.45	816.41	6.32
1993	130.61	206.98	75.06	240.84	868.64	6.36
1994	138.30	258.14	85.57	248.36	933.65	7.36
1995	141.30	288.96	103.42	255.71	893.70	7.67
1996	144.67	360.01	114.38	261.28	928.15	7.92
1997	151.47	437.49	116.90	267.52	961.34	8.15
1998	156.25	473.90	154.80	271.15	925.65	8.42
1999	168.61	530.86	197.31	276.14	1 069.05	9.17
2000	175.27	601.48	232.37	285.79	1 184.30	10.19
2001	183.73	688.99	287.72	292.62	1 215.37	10.90
2002	199.80	778.91	338.15	300.05	1 329.37	11.05
2003	204.00	895.94	478.98	312.88	1 423.33	15.14
2004	232.00	1 042.18	640.42	318.50	1 582.91	18.87
2005	252.80	1 204.91	835.10	333.14	2 602.02	23.15
2006	277.00	1 681.22	1 066.62	343.78	2 767.72	26.70
2007	333.38	1 774.12	1 435.33	353.85	3 027.39	28.51
2008	368	2 214.69	1 906.36	363.87	6 307.2	32.9
2009	383	2 613.7	2 367.58	370.66	9 994.1	33.04
2010	395	3 101.63	3 250.56	374.64	14 205.9	33.24
2011	415	3 689.44	3 346.26	391.31	16 989.8	36.68
2012	451.38	4 170.51	4 243.43	392.04	19 793.7	32.98
2013	504.68	4 666.37	5 134.56	409.82	6 999.82	37.31

资料来源：相应年份的西安市城市年鉴、西安统计年鉴整理。

利用表3-5的数据，可以分析各因子与建设用地数量之间相关联的程度。对各因子进行相关性分析得相关系数矩阵如表3-6：

表3-6　城市建设用地变化的影响因素分析

各因子	Y建设用地面积	X_1非农产业生产总值	X_2固定资产投资	X_3非农业人口	X_4人均耗电量	X_5人均居住面积
Y	1	0.993	0.988	0.964	0.964	0.977
X_1	0.993	1	0.973	0.987	0.952	0.973
X_2	0.988	0.973	1	0.925	0.979	0.987
X_3	0.964	0.987	0.925	1	0.910	0.940
X_4	0.964	0.952	0.979	0.910	1	0.983
X_5	0.977	0.973	0.987	0.940	0.983	1

从表3-6可以看出，西安市影响建设用地面积变化的各因素相互之间都存在着很大的相关性，建设用地总面积与各个解释变量之间呈正相关关系，这与前面的理论分析相一致。从变量的相关性可得知西安市建设用地数量与非农产业生产总值、固定资产投资、非农业人口、人均耗电量和人均居住面积都具有较强的相关性，并且其相关系数都大于0.90，属于高度相关，说明随着各因素的增加，建设用地面积均会相应地增加。

通过回归分析建立回归模型为：

$$Y = 191.282 + 0.130X_1 + 0.06X_2 - 0.328X_3 + 0.005X_4 - 2.256X_5$$

表 3-7 建设用地数量与各因子模型运算结果及检验

变量	变量系数	标准差	T 检验	伴随概率
C	191.282	111.357	1.718	0.114
X_1	0.130	0.069	1.883	0.086
X_2	0.061	0.045	1.355	0.203
X_3	−0.328	0.528	−0.623	0.546
X_4	0.005	0.008	0.694	0.502
X_5	−2.256	1.190	−1.895	0.085
F 检验	776.520			0.000
R^2		0.997		

从表 3-7 可以看出：方程拟合度为 99.7%，并且能显著地通过 F 检验，但在 t 检验中，固定资产投资、非农业人口和人均耗电量都没有通过检验，因此可初步判断改模型存在多重共线性，需要剔除对建设用地总量影响较弱的因子。此外，非农业人口和人均居住面积未能通过经济检验，通过剔除对建设用地影响不显著的因素后，进一步回归分析得出如下模型：

$$Y = 112.523 + 0.077X_1 + 0.060X_2$$

表 3-8 新回归模型运算结果及检验

变量	变量系数	标准差	T 检验	伴随概率
C	112.523	2.959	38.033	0.000
X_1	0.077	0.010	7.438	0.000
X_2	0.060	0.012	5.136	0.000
F 检验	1440			0.000
R^2		0.995		

新模型以 99%的置信度通过了 t 检验和 F 检验，并且方程拟合得非常好，判定系数 R^2 高达 99.5%（表 3-8）。该结果表明：1991—2007 年，城市扩张过程中，非农产业生产总值和全社会固定资产投资对建设用地的变化均有着显著的影响。进一步通过 SPSS 软件上的偏相关分析（Partial Correlation）工具来确定最主要的相关因素。在未控制非农产业产值的情况下，城市建设用地面积和固定资产投资的零阶偏相关系数是 0.988，但在控制的情况下，两者的偏相关系数降为 0.808，两者相差 0.180。在未控制固定资产投资的情况下，城市建设用地面积和非农产业产值的零阶偏相关系数是 0.993，但在控制的情况下，二者的偏相关系数降为 0.893，二者相差 0.100。通过对比可以看出，非农产业产值相对显著地影响了城市建设用地与固定资产投资之间的关系。

因此，非农产业发展也就是经济增长是城市建设用地扩张中最重要、最根本的驱动因素。这也说明随着经济的增长，会导致用地需求的不断扩张。

3.3.4.2　西安市城市扩张所造成的农地流失

从 1999—2006 年陕西省土地利用详查数据中可以看出，建设占用是促使西安市耕地减少最主要的原因（表 3-9）。同时从新增建设用地数据可以看出，2003—2006 年，建设占用耕地与新增建设用地的比率平均在 91.2%，从前文所述表 3-2 数据可看出，2007 年之后建设占用耕地与新增建设用地的比率虽然有所下降，但是也平均在 70%左右，这也说明耕地是城市扩张建设的主要土地来源。国家严控用途的基本农田保护，2000—2004 年的年均保护率也只达到了 87%[①]。

表 3-9　1999—2006 年西安市耕地变动情况

单位：公顷

		1999	2000	2001	2002	2003	2004	2005	2006	合计
耕地面积		341 032	338 571	337 091	331 994	325 673	318 218	316 907	314 134	
新增建设用地						2 767	4 344	1 892	3 757	
年内耕地减少面积		1 179	3 810	2 013	6 862	8 270	10 740	2 482	3 576	38 993
其中	建设用地	890	1 784	1 731	2 397	2 391	4 303	1 827	3 115	18 347
	生态退耕	29	513	138	2 178	1 052	3 243	186	151	7 489
	农业结构调整	260	983	36	2 288	1 816	2 580	109	298	8 369
	灾毁	0	531	109		2 956	158	269	0	4 637
	其他					55	456	92	11	

资料来源：陕西省国土资源厅 1999—2006 年土地详查数据集。

20 世纪 90 年代以来，开发区大规模建设成为农地占用的主要力量。例如，国家级技术开发区——西安高新技术产业开发区（以下简称高新区）1991 年成立时的审定总面积为 22.35 平方千米，2007 年高新区已达 35 平方千米，至 2014 年已经达到了 107 平方千米，筹建于 2008 年的高新区草堂科技产业基地园区规划面积 20 平方千米还将逐步扩大，这就意味着将有更多的土地被征用和占用。仅 2006 年，高新区新增征用土地 127.33 公顷[②]。开发区、工业园区的快

① 1996—2004 陕西省国土资源厅土地详查数据集。

② 数据来源于西安市高新区在建、建成及发展规划图。

速发展也带动了房地产项目在城市二环和三环以外的大规模建设，在三环以外，以绕城高速为基本轮廓，东扩展至灞河，西到绕城高速路，南至长安。2003—2009 年，是西安市主城区内住宅项目数量增长较快的年份，新开盘项目增加 2 倍，累计开盘量增加 10 余倍，新增住宅项目主要沿城市主要交通轴带，环线集聚[172]，高新和曲江住宅价格提升显著。2009 年城北住宅大幅提升，同时南郊长安区，东郊浐灞区，西郊西咸共建区的住宅价格显著提升。2006 年地铁一号线建设后，沿线楼盘大幅上涨，最大价格增幅达 2 000 元/平方米。以高新区为例，受到国内各大房地产一线品牌开发商的青睐，高新区已经成为高端商业和住宅项目的集聚地。至 2013 年年底，高端住宅项目总存量已达 16 000 套。

将西安市土地利用规划（1997—2010 年）面积与 1996—2010 年土地利用现状数据进行比照，可以看出耕地面积在持续减少，2006 年实际耕地面积为 314 134 公顷，已经小于 2010 年保有 336 319 公顷耕地的规划指标；与此形成对照的是，建设用地在连年增加，2006 年的建设用地现状面积为 118 032 公顷，也已经超过 2010 年建设用地控制在 116 195 公顷的用地指标，其中增长最快的是居民点及工矿用地，2010 年规划的控制指标为 94 861 公顷，但 2006 年居民点和工矿用地面积已经达到 106 759 公顷，已经提前 4 年超出规划面积的 13%③。此外，2006 年末西安市非农人口为 343.78 万人，占同年总人口的 45.65%，按照人均城镇建设用地 100 平方米（规划人均建设用地指标分级 GBJ137-90）的规划用地指标计算，2006 年西安城市建设用地面积为 343 780 公顷，实际上 2006 年西安市用地面积为 118 032 公顷，缺口率高达 191.3%。因此，随着城市化水平和人民生活水平的进一步提高，城镇建设用地缺口将越来越大。按照西安市城市规划 2010 年，市域总人口规模为 1 070.78万人，人均城市建设用地为 81.59 平方千米。而现实证明，从 2003 年开始，建设用地的规模开始大幅度增加，尤其是 2004、2006、2010 年最为明显，呈现出外延扩张模式。2011 年西安市居民点及工矿用地增加到了 126 900 公顷，交通用地增加到了 21 100 公顷。

在目前挖掘城市内部用地成本高于征收耕地成本的情况下，建设用地的缺口大多由耕地转用来填补。城市扩张新增的建设用地主要通过农地转用和征用而来。这也印证了前面的分析，即城市扩张是农地流失的主要威胁，城市扩张主要在增量土地上进行，必然侵占城市周边的农地资源。

在我国，虽然城市的拓展也受到郊区优美环境和产业迁移等因素的影响，但是占主导作用的仍然是土地的开发成本。一般来说，靠近建成区和交通干线的土地开发成本较低，低成本和高收益之间的巨大差异是促使开发商拿地开发的原动力，也在客观上促进了城市用地的不断扩张。按照西安市政府 2008 年公布的全市基准地价：土地级别由原来的 9 级变为 12 级，土地级别分布由原来的“同心圆”变为“区片型”，南郊、长安、高新区、经开区、曲江机关报区等部分区域的土地级别有了较大幅度提升，最高价一级商业用地为 3 300 元/平方米（220 万元/亩），最低价十二级工业用地为 22 元/平方米（1.47 万元/亩）。西安高新技术产业开发区的工业用地平均地价最高为555元/平方米（37万元/亩），最低为300元/平方米（20万元/亩）；西安经济技术开发区工业用地最高为300元/平方米（20万元/亩），最低为240元/平方米（16万元/亩）；西安曲江旅游度假区商业、旅游用地最高为900元/平方米（60万元/亩），最低为330元/平方米（22万元/亩）[173]。从2008年西安高新区部分挂牌出让土地价格，单位出让起始地价为55.83万元/亩（表3-10）。

表3-10　西安市高新区部分成交土地价格对比

宗地编号	起始价（万元）	土地面积（亩）	单位地价（万元/亩）
GXIII-7-7	1 200.46	55.913	21.47
GXIII-3-12	646.84	25.267	25.60
GXIII-1-73	540.8	6.76	80
GXIII-1-76	900	12	75

然而，到了2012年，西安高新区部分挂牌出让土地价格，平均价格已超过400万元/亩。与此形成鲜明对照的是农地征用的低补偿费用和房产开发商拿地的高价格。据调查，2000年高新区征用长安区郭杜镇（邓店南村）土地作长安科技产业园区用地，给农民每亩补偿费用为3.9万元/亩，未央区1996年绕城高速征地费为6 000元，西安经济技术开发区2002年以前征地补偿费为3.7万元，2005年为7万元/亩，浐灞区2002年征用灞桥区周边农地（灞桥区读书老堡村）的征地费约为2万元/亩。而房地产开发商拿地的价格均在征地价格数倍乃至数十倍以上。和记黄埔以

10.01亿元的价格拿下了高新区中心商务区的727亩土地，每亩地价138万元，用作商业地产和住宅开发。2000年，曲江南湖的拿地价格约为30万元/亩，而短短3年时间，拿地价格已飞升至130万元/亩以上（表3-11）。

表3-11　西安市部分区段房地产开发用地价格

区　域	年份	房地产开发用地价格（万元/亩）
曲江南湖	2000	30
曲江南湖	2005	130
高新中心商务区	2005	130
北郊张家堡广场	2007	189

资料来源：王卫东，西安土地市场分析，http：//sx.house.sina.com.cn，2008-03-18.

这种高额的利益驱动，也导致违法占用耕地事件屡禁不绝，如表3-12所示。

表3-12　2000—2004年西安市违法用地数量表

2000			2001			2002			2003			2004		
件数	涉及土地面积	其中耕地	件数	涉及土地面积	其中耕地	件数	涉及土地面积	其中耕地	件数	涉及土地面积	其中耕地	件数	涉及土地面积	其中耕地
675	122.4	62.7	800	306.8	194.1	748	742.1	356.7	1162	1116	533.1	562	496.9	379.9

资料来源：陕西省国土资源厅耕地保护处，1996—2004年全省土地利用现状调查数据集。

正是城市周边土地增值的巨大价值空间，以及政府参与导致的农地转用市场价格的扭曲，是城市扩张侵占农地的主要动力。因而，城市扩张是农地保护面临的主要威胁。

本章小结

研究表明，现阶段我国城市用地呈现出迅速扩张的态势，扩张造成农地的不断流失。城市外延式扩张的土地来源主要是增量土地，城市新增用地主要由农业用地转变而来。造成农地转用的动力是农地用途转变之后巨大的增值空间。本章以关中地区为主要对象，分析了关中地区城市扩张占用的状况，以及关中地区农地保护面临的其他威胁，如水资源短缺、宅基地闲置等问题。关中地区快速城市化中，农地保护面临的形势更加严峻。本章以关中最大城市西安市为例，对城市扩张造成的农地流失现状及城市扩张占用农地的原因进行了实证分析，进一步印证了以上的研究结论。

第4章 国外城市扩张中的农地保护方法研究

城市扩张与农地保护是任何一个国家经济发展过程中必然面临的两难问题，既要发展城市化、提升国家整体经济发展水平，又要保护赖以生存的农业基础，无论是像发达国家的美国、日本，还是发展中国家印度等，都实施了一系列措施保护农地，值得我们学习和借鉴。本章试图从美国、日本等国家农地保护目标、实施体系、方法等进行系统地分析，为我国城市扩张中农地保护机制的研究提供借鉴。

4.1 美国城市扩张中的农地保护方法

4.1.1 美国的农地保护概况及其组织体系

美国有着广阔的国土、丰富的资源，是世界上的经济强国，同时也是农业强国，其农业技术水平和管理水平无疑居于世界前列。美国在城市化过程中，也有许多优质农地流转向城市非农用途，而且这些流转的农地在质量等级上大多为优质农地，在地域上集中于城乡生态经济交错区，流转的农地在时间上集中于城市化的高峰期[174]，对此，美国从20世纪20年代开始农地保护探索，控制城市扩张占用农地，并已取得较好效果。美国谷物出口量占世界出口量的1/2，全国 63%以上的奶制品和 85%的蔬菜水果、1/2 以上的农业产值来都自于城市影响地带[175]。美国农业部（USDA）展开的土地调查表明，1958—1967 年农业土地转为城市用途的数量为 18 万公顷，1967—1975 年该数量增加到了 34.4 万公顷。从 20 世纪 50 年代开始，学者们对城市扩张严重威胁到周围农业用地的研究引起了政府和社会公众对农地保护问题的关注。20 世纪 60 年代和 70 年代成为规划和农地保护的变革时期，伴随着对世界粮食短缺的担忧及环境保护运动的兴起，农地保护在美国被投注了前所未有的极大关注，一系列将质量、数量与生态保护目标并重的政策和方法相继实施。

前文述及 1977 年经济学家 Gardner（Gardner，B. D）提出的衡量农地保护收益的概念框架：能够为日益增长的国内和国际人口提供足够的食物，保持农业产业对当地经济发展的贡献，开放空间及给城市居民带来的其他环境美学价值。城市和农村发展土地的高效、有序及合理利用，成为美国衡量农地保护收益的主要基础。之后，学者们对这些目标又有所发展，包括保护农业生产基地，保护农业开放空间和良好的农业特质，减缓城市蔓延，保护野生动植物栖息地，以及保护城市扩张区的地下水源等，美国的农地保护政策与方法均围绕这些目标而产生。1956 年，第一个根据农业用地的农业价值来征收产权税的农地保护项目在马里兰州推出；1967 年，科罗拉多州博尔德县（Boulder，Clorado）最早开始实行土地开发权转让项目（TDR），到了 1974 年，第一个购买发展权也即农业保持权（PDR/PACE）的农地保护项目在纽约的萨福克县（Suffolk County）推出；1977年，马里兰州第一个实行全州级发展权农地保护项目；到了20世纪70年代后期，美国大多数州都采取了措施控制农地的城市化转用[176]。

美国是分权制国家，无论是联邦政府还是州政府都程度不同地采取分权措施，将相当一部分公共管理和公共服务的权力下放到地方政府，即县或城市的政府机构，这在农地保护上也充分得到了体现。

在美国，并没有要求州政府和地方政府统一执行的联邦农地保护政策，联邦曾经多次试图建立覆盖全国的农地保护政策的努力都以失败告终。土地利用事务由州和地方（县市）政府掌控，各自创立自己的政策措施，农地保护的项目也持续增长。联邦政府则通过收入主导型的农业政策，如粮食补贴政策，通过高级法庭、税收政策和90多个支出项目，来影响土地利用和转用[177]。从1990年开始，联邦政府通过为州、地方政府提供贷款、补助金等资金来支持农地保护。实际承担着全国性农地保护职能的只有一个全国性的私营非营利组织，即美国农业土地信托（American Farmland Trust，AFT)，各地的土地管理和规划办公室则负责农地保护政策的实施和管理。

州政府级农地保护项目主要分为2种类型，在较大的州，如宾夕法尼亚和马里兰州，州政府为县级政府提供配套支持资金；在较小的州，如佛蒙特、马萨诸塞和特拉华州，州农业厅直接与个人土地所有者签订农地保护项目。州政府相对县或市级政府来说有更强的经济资源，可以通过发行债券甚至实行特别商品税来为农地保护项目筹集资金。美国面积广、地理差别大，再加之各州对农地保护的支持不同，实施效果差异也很大，有些州只是作了口头上的承诺并未付诸实际行动，也有一些根本没有提供任何的资金支持。因此，由于地方政府能够获得联邦和州的配套资金来弥补地方资金的不足，其农地保护项目反倒更易于成功。且农地保护实施比较成功的地方，其共同点都是当地的农业产业发展比较成规模，农业年产出至少达到 5000 万美元[178]。对于农业产出较少的地方政府来说，其政策目标主要是保护开放空间和农村环境特征，因此更重视土地利用规划。美国各级政府、规划协会等许多机构制定并实施了一系列的政策措施，来协调城市的增长和农地保护之间的关系，根据理性发展原则制定合理的综合规划，保证城市的理性增长，同时又实现农地的有效保护。

AFT 成立于 1980 年，是由一些农民和保护资源与环境学家发起成立的非营利组织，目的是阻止城市开发而造成的农地资源流失，保护国家的农地资源。该组织通过与联邦、州和地方政府建立土地的合作伙伴关系，通过接受捐赠、购买农地保持权或直接购买土地产权，“承担着直接获取土地、实施建议权、开发政策、信息交换中心的任务”[179]，在农地保护中发挥着非常重要的作用，填补了联邦政府所不能作用的空间。AFT 设有总部、农业土地信息中心、农业与环境中心、农业保护创新中心，并且在各州都设有分支机构。AFT 会定期出版农业土地、农业与环境以及城市蔓延对农地威胁等有关农地与环境保护的专题报告，在敦促联邦政府修改农业法案、实施一些农地保护措施方面起到了极其关键的作用。

通过支持州和地方政府实施农地保护活动来保护农地，全美大约有 1500 多个 AFT 分支机构。AFT 运营的资金一部分来源于私人捐赠，一部分来自于州政府发行债券所募集的资金，而资金的用途要经过选民的投票，结果也要受公众的监督。

4.1.2 美国城市扩张中的农地保护方法及其特点

五十余年来，除了较早实施的税收优惠方法、农业分区规划，后来实施的农地开发权/保持权购买、开发权转让等，美国用于农地保护的政策工具不断的补充和扩张，最近又有任期保持权、优先否决权、唐提式基金等方法创新。根据其作用特点，可将这些农地保护方法分为四类：调控型、参与型、激励型和混合型[123]。其方法及分类如表 4-1 所示。

表 4-1 美国的农地保护方法及其分类

类型	方法
调控型	农业保护分区规划（Agricultural Protection Zoning，简称 APZ）；农业用途规划（Agricultural Use Zoning，简称 AUZ）；集聚区规划（Clustering Zoning，简称 CZ）；农场权利法律（Right-to-Farm Laws，简称 RTF 法律）；增长边界（Growth Boundaries）；增长管理（Growth Management Laws）；州行政命令（State executive order）
激励型	强制税/影响费/减免条令（Impacting Fee/Mitigation Ordinances）；抵押资助（Mortgage Assistance）；农地保护唐提式基金（Tontine）；使用价值评估（UVA），包括反转税和收回税（Rollback and Recapture Taxes）；断路器式税收（Circuit Breaker Tax）；可转让税（Transfer tax）
参与型	政府参与买卖农地（Fee-simple Purchase or Sale）；征用权（Eminent Domain）；土地银行（Land Banks）；购买开发权/农业保持权（Purchase of Development Right/agricultural Conservation Easement，简称 PACE/PDR）；任期保持权（Term Easements）；优先否决权（Rights of First Refusal，简称 ROFF）

（续）

类型	方　　法
混合型	征用权＋优先否决权（Eminent Domain with ROFF）；土地价值养老金＋ 购买开发权/保持权（Land Value as Pension Plan with PDR/PACE）；分级评估系统＋购买地保持权（Point systems/PACE）；可转让开发权（Transfer of Development Rights，简称 TDR）；可出售开发权（Marketable Development Rights，简称 MDR）；农业区（Agricultural Districts）；资本所得减免＋购买农地保持权（Capital Gains Reduction/PACE）；议价销售，慈善捐赠＋购买农地保持权（Bargain Sale，Charitable Donation/PACE）；州所得税免除＋购买农地保持权（State Income Tax Forgiveness/PACE）；分期支付式＋购买农地保持权（Installment Payments/PACE）

4.1.2.1　调控型方法及其特点

这类方法是政府调控土地利用的主要手段，通过法律、法规和政策确立土地市场制度，通过制度的作用改变交易土地的价值，将社会成本和收益反映其中。依赖于政府管理和监督实施，对全部土地所有者适用，也为其他农地保护方法建立了基准。

土地利用分区规划是其中最基本的方法，它规定了农业用地和非农业用地使用的功能分区和最大密度。分区规划条例被特别归类为城市法典的一部分，并被纳入城市社会经济发展纲要之中。农业保护分区规划规定了农地和非农地使用的功能分区和密度，限制临近农地允许建设的房屋数量，使重点农业区保持稳定的农业用途，防止土地使用细碎化，并且限制临近农业用地上允许建设的建筑数量；集聚区规划要求新房屋必须临近而建，以留出足够的土地作开放空间、农业用地和生态区，不仅可以减少因在大面积土地上建造一栋房屋（如 8 公顷农地上）而给他人耕作带来的不便，而且可以减少房屋开发的成本。

农场权利法使农民能够安心生产经营，免予围绕产权开发而产生的法律纠纷，为农业提供了更稳定的投资环境。据 2006 年美国农业部资料显示，美国 50 个州全部在使用。

增长边界和增长管理法设定了城市区域扩展的边界，并通过相应的公共设施管理条例限制城市基础和公共设施的建设范围，调控城市边缘土地开发的模式和速度，禁止在临近农地上进行低密度和分散化开发。增长管理是当城市的人口和建设项目突然地急速地增长，州或地方政府用来控制城市扩张的一种手段。目前美国至少有 12 个州有这一法律，其中一些还特别强调了农地保护条款。

行政命令赋予管理者分配基金、创造政策、项目或机构的权力来保护农地，可快速执行，有效平衡和纠正不合理的行为，防止轻率的农地转用行为发生，加强农业政策和农地保护政策的一致性。

4.1.2.2 激励型方法及其特点

这类方法通过“胡萝卜加大棒”式经济刺激，奖励满足社会期望目标的土地利用行为，用惩罚增加非社会期望的农地转用行为成本，从而达到保护农地的目标。

影响费、强制税、减免条例等基本类似，都是要求农地所有者补偿因农地转用而给相关公众带来的不利影响。强制税要求特定种类的补偿，若造成的外部成本较高则付费较高；减免条令还扩展至所有土地，要求开发商每开发一英亩农地，就要通过 PDR，或缴纳费用放入地方政府的农地保护基金方式，永久性保护相等数量的农地。

政府通过加大对贷款农民的费率优惠或加大对信用供给者的扶持来降低抵押贷款的成本，促使农民保持农地。对于准备从事农业生产经营的年轻新农民来说，抵押贷款的影响较大。

农地保护唐提式基金（Tontine）① 是由众多农地所有者之间签订的多边基金协议，当某一参加者转用农地，他所缴纳的基金则成为因其土地转用而给周围人带来影响的补偿，最终坚持农业用途的土地所有者将会赢得该基金，其他人的农地转用行为则增加了保持农业生产者的获益。政府通过建立基金来达到减少农地转换的目标，并且州政府也可以帮助土地所有者之间建立这一协议。

使用价值评估是最早的直接农地保护方法，利用土地的农业利用部分价值而非按其市场价值来征收财产税，相当于减少了税收，增加了农民的福利，对于因此可能引发的投机行为，当农地转用时，利用收回税收回之前给予的免税及其他补偿，以及惩罚性的反转税，来中和 UVA 的负面作用。

断路器式税收（Circuit Breaker Tax）② 保证低收入农民能获得与高收入农民或投机者不同的较低的税收评估。农

① 保险词汇，由 17 世纪意大利银行家 Tonti 倡导的聚金式养老金，由一组参加保险者共享一笔或多笔保险金。其中若有一人死亡，由其余生存者分享，直至最后一人。

② 税收词汇，断路器抵免，形容财产税的抵免。

民通过申报所得税信用来抵消财产税，财产税超过农地所有者收入的一定比例，就能得到税收减免。

交易税基于土地的市场价值征收，或对农地销售行为征收，征收此税等于增加了转换土地的交易成本，交易税越高，转换行为越少，也即土地保持农用的时间将越长。

税率和收取条件可以根据政策进程有所调整，若财产税减少，而且农民又准备长期从事农业生产的话，他们就会加入使用价值评估，否则，反转税惩罚将会降低使用价值评估的吸引力，UVA 在稳定、高产的农业经济区执行起来更有效，而唐提式、抵押贷款资助、断路器式税收和 UVA 使用价值评估相似，对数量较大的面积较有效。强制税，UVA 附带回收税，交易税在阻止土地转用上更有效，因为其可以直接增加转换的成本。

4.1.2.3　参与型方法及其特点

该类方法是政府或农地保护组织作为土地交易市场中的买方或卖方，直接参与产权交易，影响市场供求以达到保护农地目的。一般分为两类，一类是以单纯付费方式购买土地及其相关的全部权利，包括单纯付费购买、征用权和土地银行；另一类是购买土地的部分权力，包括购买土地开发权/保持权、任期保持权和优先否决权。

由于土地大部分私有，通过协商价格以单纯付费方式购买土地最为常用。征用权是政府出于公共利益征地时，对于坚持不合作者才采用，但同样要以市价购买土地，而且并不普遍，政府也会通过土地银行储备一定量的土地，以相对较低的售价只面向从事农业生产的用户出售。

PDR/PACE 是政府或非营利组织从土地所有者手中购买土地的开发权或保持权，一旦土地的开发权或农业保持权被购买后，尽管土地产权仍可交易，但只能永久保持农业用途，农地产权所有者获得土地市场开发价值与保持农业生产的价值间的差价，为其保持农业生产提供了足够的经济激励。PDR/PACE 已在 16 个州的 50 个县实行，通过这一方法，州级保护的农地有 55.10 万公顷，地方有 9.76 万公顷[180]。任期保持权是有期限的农地保护权利，或者说是保护活动的租约，它是 PDR/PACE 在固定时段内的另一种形式，政府或非营利机构给土地所有者支付一定租费，禁止在固定时段内对农地的转用行为。在资金不足的情况下，这种有期限的暂时性保持权相对永久性保持权更便宜，且租约可以延长，对受威胁的关键区域农地，不愿参加 PDR/PACE 仍可选择这一期限较短的方法。

优先否决权是农地所有者与开发商达成交易准备将农地转作非农用途时，政府可行使优先否决权来优先购买农地的保持权，购得的农业利用保持权仍可再出售，因此这一方法成本较低，不利的是农地所有者和开发商可能会共谋抬高出售价格。

4.1.2.4　混合型方法及其特点

混合型方法是综合利用两种不同方法的强项，更好地达到农地保持效果。

比如利用优先否决权并以按市价的补偿实现关键农地的征用，或利用参与农业保险或商业计划附带将优先否决权给予州和地方政府。以土地价值作为养老金和 PDR/PACE 组合则是农地所有者以开发权和保持权换取政府的退休金资助，预期养老金可能会比其销售土地所获回报高，养老计划或与土地相连，根据参与计划年限来给付养老金，或与土地所有人相连，但对保持权的限制都是永久性的。从所有人退休年龄起给付至存活年限止，利用了保险资金池的原理，政府不必立即支付购买的全部资金。

在购买农地保持权时，通常采用分级评分系统，将土地按质量、区位、公共价值、面临的发展压力等进行分级。例如，使用最普遍的土地评价与立地分析方法（LESA）[181]，根据国家土壤详查数据将土地按最适宜到最不适宜的用途（如耕地、林地或牧地），还有非土壤因素如区位、发展压力、重要性、公共价值等，按 0～100 的评分标准分级，根据评分制订详细的经济激励和转用惩罚标准，并扩展至所有政府参与型方法中，为识别重要农地、应用资助基金、制定土地规划和税收标准等提供透明的操作标准。

可转让开发权（TDR）结合了激励型和调控型方法的特点，政府通过建立发送区和接收区引导土地开发、促进重要农地的保护。发送区（即需要保护农地的地方）可将其开发权转让给允许密度的土地接收区（即需要城市增长的地区），一旦开发权被买走，该片土地将永远不能被开发，开发商和农民通过市场自愿交易开发权。不同于 PDR/PACE，TDR 对农地保护的经济补偿来自于开发商，开发权不会失效，只是在不同区域间重新分配。第一个 TDR 项目出现在 1967 年，科罗拉多的 Boulder 县。实行比较成功的是马里兰州的蒙哥马里县，保护了 1.64 万公顷的农地，代表了这一方法60%的成果。至2000年，共有17个州的53个县采用，保护农地2.74万公顷[182]。但缺点是操作比较复杂，要求投入大量的时间和人力资源。并且依赖于发展权市场的建立，若房地产市场萧条的话，开发权交易就少，农地保护也就越少。

MDR与TDR类似，只是没有发送或接收区，开发权对所有土地所有者开放，避免了对于土地所有者来说可能存在的不公平待遇。

农业区是规划的特别保护农业区域，区内实施特别优惠的激励措施，鼓励农地所有者自愿参加，按照规划要求，参加者需永久保持现有土地利用模式。

后几种都是在购买农地保持权时采用灵活的支付方式，包括销售所得税的减免、低价抵税、分期支付等。收入所得减免与购买农地保持权组合是指当土地所有者出售农业用地或出售部分权力给政府农地保护机构，就会得到销售所得税的减免，对于土地持有时间长且增值额大的所有人来说更有吸引力。折扣销售和慈善捐赠也有着税收减免的成分，即如果以较实际低的价格销售土地保持权或开发权，那么便宜的部分就会被看作是捐赠，就有可能获得捐赠税减免。当分期支付购买农地保持权时，所获收入可分为销售增值额、利息和产权投资与花费三部分，只以当年所获销售增值额和利息计税，这意味着农场主可用很小的首付提前购得保持权，增加现阶段的农地保护量。

以上这些方法在美国的农地保护中，发挥了非常重要的作用。另外，保护农业用地的最好方法是帮助保持农业的盈利能力是政府和农民的共识，因此，美国政府在使用以上这些方法的同时，也创立了一系列辅助支持农业经济发展的措施。如 1994 年马萨诸塞州实行的“农场生存能力增进”项目，政府提供顾问团与农民一起评估目前发展计划和营运模式，包括产品多样化、增值产品和农业旅游开发和发展规划，农民用 5～10 年的农地保持权换取操作资金。该项目实施后，农民平均农业收入净增加 18500 美元，实施的 8 年中，200 农场主仅有 2 人退出农业经营[183]。

4.1.3 实施概况、效果及方法评价

美国 50 个州全部实行了对农业用地的优惠税收政策，24 个州实行了 APZ，6 个州执行了增长管理法规以解决农地流转问题，并采取了一系列刺激措施鼓励农民参与执行。至 2001 年 2 月，至少有 20 个州通过执行农地保护政策保护了 3.26 万公顷土地，同时地方政府执行的一些地方农地保护项目保护了 190 839 英亩土地。用于农地保护的花费总共相当于 24 亿[184]。如表 4-2 所示，农地保护工作效果显著的主要是位于东北部人口稠密、城市化水平高、农地向住宅或其他城市用途流转压力大的州。

表 4-2　美国农地保护排名前 6 位的州农地保护状况

州	保护农地（英亩）	总成本（百万美元）	农业产出（亿美元）
宾夕法尼亚州	278 000	500	40
马里兰州	225 000	300	13
科罗拉多州	142 000	40.5	45
新泽西州	120 000	266	7

（续）

州	保护农地（英亩）	总成本（百万美元）	农业产出（亿美元）
佛蒙特州	110 000	45	5
特拉华州	77 000	70	7

注：1 英亩＝0.40468 公顷。

资料来源：Deborah Bowers. 美国农地保护报告 . 2004 年 6 月。

可以看出，美国的农地保护方法已经形成了市场、行政、法律、公众参与等多种手段综合运用的完善体系，并且在实践中不断改进与创新。

4.1.3.1　调控型：规划的科学性与公众参与机制

调控型方法实施起来花费少，强制性高，假如政府能掌握完全信息，可以在达成如农地保护数量、阻止转用的农地量、关键地块保护等既定目标上很有效，否则也易引发寻租行为。因此要成功不仅依赖于有远见的规划设计、良好地执行以及地方政府长期的支持，也需要政府尽可能的掌握完全信息。

美国的土地利用规划具有很高的法律地位，所有的土地利用形式都要受规划的调控。除了运用多种分区规划方法，对规划的编制与实施的标准化也非常重视。不仅采用现代技术手段，如地理信息系统和遥感等，进行科学的土地资源调查、土地质量评估和土地利用监测，而且对基本农田(Prime Farmland)、可以用作城市缓冲区的非基本农田、优质农地和一般农地等，都有明晰的评分标准、详细的分级分区和具体的数量标准。使规划具有科学基础、实用性、可操作性。农业保护分区一旦被确定，其中农地便永久受到保护，受政府全面监控与管制，对允许的农地面积、密度、空间布局、邻近农地允许建设房屋数量、城市扩展的边界等，都有明确的规定与详尽的评价指标，标准化的操作流程。因此，美国的土地开发和利用不仅要受规划的约束，且规划还是一个参与式的过程，无论是农业发展方案、规划方案的制定、执行还是购买农业保持权项目，其过程都要经过公众投票与认可的环节。

在城市的建设中，将理性增长理念很好地与农地保护相协调，并且有全国性的“美国理性增长组织”（Smart Growth America）对城市的规划、建设进行建议和监督，与州政府、地方政府及农地保护组织建立协作，农地保护也是其中的重要内容之一。

4.1.3.2　参与型：征用的公平市价补偿

美国即便是政府参与型方法包括征用权等，也是以给农地所有者现行市价的公平补偿为基础的，政府或农地保护非营利组织作为普通交易者从农民手中购买土地产权，强制征用只在为了社会共同利益和公共设施建设需要时，比如保护自然生态区、修建道路、公园等，对于坚持不合作者才采用，而且这一方法并不普及，地方政府在农地保护中发挥着更大的作用。大多数参与型方法持续性和稳定性较好，但是成本却较高，不仅包括购买的花费，还包括维护、销售和出租土地的管理成本。除非每英亩购买保持权或发展权价格持续上升，否则随着时间推移 PDR/PACE 会显得不太成功。需要通过灵活性和一致性兼并的方法来达到其他目标，如吸引新的参与者等。因此，才出现了任期保持权（Term Easements）这样的方法创新。

4.1.3.3　激励型：完备的市场体系

美国在强调法规调控的同时，更多地会采用市场和经济手段调节利益结构和分配关系，奖惩分明的激励型方法便是其充分体现。完善的土地交易市场、明晰的产权制度和公平的自由买卖，是税收调节和政府参与的基础。激励型方法与调控型方法不同的是它不会改变现有土地市场的制度结构，而只是改变土地的市场相对价格[185]。优点是比较灵活，带有自愿性质，提供了多种方法选择；缺点是持续性不好，需要依赖持久性方法保持政策的连续性，优惠税收只能减缓农地流失的速度，并不能保持农地，而奖励型方法仍会给政府造成较重的财务负担。并且，在美国各界已形成这样的共识，即保护农地不仅是政府的责任，更应发挥农民的作用。唐提式基金、抵押资助、农场多样性增进等方法核心思想便是鼓励农民进行农地保持，时间越长，获益越大，农民持有土地转用的权力，用市场手段激励或惩罚满足及违背社会期望的农地利用行为。

4.1.3.4　组合型：地区差异化方法组合

多种手段和措施并行，避免单一方法的缺陷，发挥组合方法的长处，是美国农地保护方法的一个重要特点。组合型方法利用了多种不同方法的优势，因此能达成多重目标，并且较之激励型方法成本花费较小，有效性更好。除农业区一般有 5 到 10 年的固定期限外，其他组合型方法对农地的保护都是永久性的。除了 TDR，MDR 和农业区外，农地所有者持有土地转换权。并且在保护大面积、高产农场、关键地块等方面非常有效。事实证明，许多综合了政策调控型和经济刺激性的组合方法和政策更加有效。由于地理差别大，各州及地方政府根据当地的自然条件、农民和农场的具体情况，州与州、区与区甚至社区与社区之间农地保护都有相应的变化，并没有要求作为统一标准的农地保护方法。例如，东部城市化较快的马里兰州和西部农业主产地加利福尼亚州在农地保护方面就有很多不同。除了 2 州都实行的农业区、农业保护分区规划、农场权利法案、城市增长边界法律指导社区进行开发规划、阻止城市蔓延和保护自然资源，加州有地方机构形成委员会（Local Agency Formation Commissions）建立州法律阻止城市吞并基本农地，而马里兰州的土地开发权转让则发挥着重要的作用。

4.2 日本、印度的农地保护经验

4.2.1 日本农地保护政策

4.2.1.1 通过管制加强农地的保护

日本与我国土地资源短缺的状况类似，都是一个地少人多的国家。日本国土总面积 37.83 平方千米，山地面积为 75%，平原面积占 25%，人均耕地仅有 0.04 公顷。战后的日本政府为了有效利用土地资源，解决粮食问题乃至整个农业问题，在不同经济发展时期推行了不同的农地制度，对农地用途进行有效管制，提高了农地配置效率，以遏制过快的农地非农化转用速度，对农地进行有效保护。1952 年日本政府制定了《农地法》，该法以保护和合理利用农地为出发点，首先废除了不在地主（即不住在农村的地主）的存在，凡是离开农村的地主必须出售其所持有的土地，《农地法》规定，无论是自耕者还是非自耕者，或者企业法人及股份制企业法人，农地转用都应以不脱离农业生产和利用为原则，确保农地的耕地属性不变；其次，建立了农民的土地私有制，农地的所有权、经营权均属农民所有；还有就是限定农地地租和租佃期限，确保佃耕农权利。《农地法》的出台实施与东亚（韩国、中国）的农地制度改革背景及《农地法》在日本经济恢复时期对农业乃至国民经济的稳定发展起到了不可替代的作用。但随着工业化时代的来临，该农地制度的弊端逐渐显现出来：其一，由于限制了自耕农的耕作面积及地主的租佃面积，使日本农业处于高度分散的状态，不利于土地的规模经营。其二，该法限制了农民的非农化，进城就业居住就意味着农地权利的丧失，因此使有离村就职愿望的人往往敬而远之，取而代之的是颇具日本特色的兼业农民的存在（类似于我国的季节性进城打工农民）。其三，由于人多地少，经济发展对土地的需求越来越大，农地的价格直线飙升。加之《农地法》的种种限制，农地流转的障碍重重，农业经营成本日趋增大，小规模农户经营效益迅速下滑，形成了类似我国目前“想种的种不上，想转的转不出”的农地资源低效利用的被动局面。为了克服以上弊端，从 20 世纪 60 年代起至今，日本政府通过修订《农地法》，缩小“工农收入差别”，扶持“自立经营农户”，鼓励农地的有序流转，促进农地的规模经营。1961 年出台的《农业基本法》首次允许农地根据产业结构调整可以进行流动。1970 年修改通过的《农地法》废止了对农户拥有的土地面积和农户之间租借、买卖土地的种种限制，允许农地产权的市场流动[186]。

4.2.1.2 通过流转提高农地利用效率

1970年，日本出台了具有综合土地利用功能的规划法——《国土利用计划法》，该法以国土利用计划、土地利用基本计划、土地交易规划、治理休耕地等为主要内容。在该法的基础上，陆续出台了对土地进行规划的《农振法》等法案，《农振法》的处罚点在于对城市土地利用划分和合理保护农地不受侵犯之间做出严格规定。该法对农地的保护可以概括为以下几个方面的特征：第一，不是以特定地域或特定作物为对象，而是一个综合的以推动农业振兴为目的的地域计划制度；第二，调整和规范了农业部门与农业部门的土地利用，在制度上严格明确农业用地与非农业用地，不允许非法侵占农用地行为的发生；第三，制定包括土地利用规划在内的，各地域的综合农业振兴计划，并指定市町村为实施计划的主体；第四，制定了具有指定用途和指定效果的农用地区域制度。此后，该法案历经三次修改，分别为1975年、1984年、1989年三次修改。历经几次修改之后，该法案已经逐渐完善成为规划和保护相结合的法律体系。该 法案可以总结为以下四个特征：一是国家级的权利来保障基本的农用地正常使用和不受侵犯，地方政府（如日本的都道府县）应根据中央部门的要求来实施基本农用地的保护和有效利用，成立以中央一级政府、地方二级政府、三级基层机构三位一体化的农地保护格局。真正使《农振法》和农地保护作为一项国家政策而被重视和利用。二是完善了农业振兴地域建设计划的内容，增加了保护农地的条款和建设农业设施的条款。《农振法》在保护农地方面，不仅在宏观上做出了指导性的政策，更是在微观上具体和细化了各个条款及实施细则，便于地方政府在保护农地方面有章可循、有据可查，真正有利于地方政府在实际行动中对农地实施有效的保护。三是对设定及更改农用地区域基准的法制化，规定了集团用地及土地基础设施建设事业集团实施的用地，需满足该类土地的利用不能妨碍其他土地上的农业基本利用。具体来讲，就是规范农用地和非农用地的边界，明确了如果占用农用地，必须在规定内的、计划内的、经过地方政府土地管理部门认可的范围内，而不能越界去占用未经同意的农用地，通过法律强制保护农用地不被非法占用。四是定期内对土地使用情况进行普查，并根据普查的结果对农用地的合理利用和建设进行修改，保证能够及时发现并改正各种不规范的土地利用行为[188]。

进入 20 世纪 80 年代中期以后，农业的国际化与市场化程度不断提高，日本农业面临农产品的国际竞争压力不断增大。日本政府认识到农产品竞争力的关键在于农业单位的竞争力，而要提高农业生产单位的竞争力，必须要吸引有能力的人专门从事农业经营，要吸引这些人专门从事农业经营，就要保证这些从事农业经营的人拥有足够大的土地经营规模，通过规模效益，获得与其他产业同等的收入。为此，日本政府提出了用“合意的农业经营体”替代 20 世纪 60 年代提倡的“自立经营农户”的发展思路。所谓“合意的农业经营体”是指通过其经营可以确保主要从业人员在相同的年劳动时间内，获得与本地区内其他产业就业者同等水平的终生收入[187]。1980 年通过的《农地利用增进事业法》、1999 年制订的《新农业基本法》进一步规范农地产权的市场化流动，鼓励农地的大规模经营、准许股份公司经营农地。1993 年日本政府又修订了《农地法》和《农地利用增进法》。1999 年 7 月发布的日本《新农业基本法》，又提出了要发展“有效率和稳定的农业生产单位”的思路。其主要措施除了继续鼓励农地向“认定农业生产者”集中外，还提出改善农业生产和农村生活条件、加快新技术的推广和应用、对农业各种灾害损失进行补偿等措施，以提高农业生产效率和从事农业的吸引力。2001 年实施了《农地法》修正案，推动建立农业生产法人制度，进一步放宽农地管制。到了 2001 年 4 月，对股份公司进入农业的政策又有所调整，允许其参股农业生产法人的农地经营，但对其参股比例有限制，即参股比例不允许超过总股本的 1/4[188]。

4.2.2 印度土地流转与审批政策

4.2.2.1 土地流转困难及土地私有制造成的贫困

作为亚洲典型的发展中国家，印度与我国在自然、人口、社会、历史等方面存在许多共性。作为世界上人地矛盾比较突出的国家之一，印度人地矛盾的主要压力来自于人口的快速增加，印度在 1947 年独立之后，开始改革农地经营制度，第一阶段主要是废除中间人地主制度和租佃改革制度，取消各种形式的中间人地主，并通过“租佃改革”法案，保障租佃关系，佃农对持续耕种的租田享有永久租佃权。第二阶段是土地持有的最高限额制度。改革虽取得了一定的成效，但是农村中相当数量的土地仍被中小地主占有。

1976 年，占 2.4%的大农仍拥有 29.3%的土地，59.2%的小农经营土地和边际农经营土地只占 23.5%，印度的地主富农不到农业人口的 10%，却占有全国 85%的土地，土地占有极为不公。私有制使全国一半的人口不能以土地为生存保障，没有土地的农民大量涌入城市，造成城市贫民窟大量存在。

因此，印度农村土地产权制度现状是不合理的，再加上政府对土地流转的立法和行政干预不足，全国上下不能形成利益分享、运行良好的互动机制，土地及其他生产要素不能实现有效的配置与优化组合，广大农民在土地收益分配中的权益难以保障。印度农民土地流转的目的和结果都是扩大农地规模经营，而且这种扩大都是基于经济发展、农业技术进步、农村劳动力转入非农产业的城市化推拉作用。印度是土地以小农户经营为主的土地私有制国家，仅依靠市场的力量并不能完全实现农地的合理流动，农地私有权在一定条件下成为农地流转的障碍。必须有政府立法及其他措施干预的情况，土地才能合理地流动。受英国影响，印度在土地规划、土地调查、土地登记以及土地信息系统等制度建立方面接受了一些先进理念和方法，但土地资源管理体制、机制及土地产权制度等方面所存在的种种缺陷，致使联邦政府提出的很多措施以及机构设置中的诸多职能定位都被付诸空谈，无法具体实施，从而造成整个土地资源管理水平的落后。在管理内容上，也只是侧重于能够取得短期效益的荒地开发及土地分配。在联邦层面上，涉及土地资源管理的主要有 5 个机构：土地利用和荒地开发委员会（National Land Useand

Waste Iands Development Council，NLWDC），农业部的国家土地利用和保护委员会（National Land Use and Conservation Board，NLCB），农村发展部的土地资源司（Department of Land Resources），环境与森林部的国家造林与生态发展局（The National Afforestation and Eco-Development Board），城市发展部的土地开发办公室（Landand Development Office，Ministry of Urban Development）。可能是考虑到制度制衡或分权，土地规划职能与土地政策制定职能由两个部门分别负责。纵向上，在联邦制的框架结构下，印度的土地资源管理也呈现出典型的联邦制特点：全国没有统一的土地立法，联邦政府只负责制定某些具有全国意义的政策与措施；邦政府拥有土地的实际管理权、控制权和征税权等，以及私有土地和邦有土地的最终审批权，负责制定本邦的基本土地法律政策，如土地法。所以，邦与邦之间的土地政策往往不甚相同。横向上，实行分散式土地资源管理体制。涉及土地资源管理的部门甚多，且职能分割不清；不同部门之间的规划自成体系，缺乏沟通与交流，这些都对土地资源的利用与管理产生了严重影响。发展中国家的农地流转不如发达国家顺畅，除了经济方面的原因之外，还有制度和政策等方面的原因：一是不宜在落后的农村生产力基础上过早地实行土地国有化，并不合时宜地推行大规模农场集中经营，这虽然在一定范围内提高了土地投入产出率，但从根本上讲，这是脱离农村社会生产力的一种生产关系的超前性、人为性变革，最终会阻碍农村土地经营制度的合理创新与有效运行；二是土地产权制度变革的不彻底性，最终导致土地制度改革效应的不理想，从而难以为农村土地经营制度的适时发育创造必要的产权条件。土地产权制度的变革与农村土地经营制度的创新有密切的相关性，必须正确处理两者之间的关系，特别是在农村土地经营制度的变革与创新过程中，必须适时地进行农村土地产权制度的合理变革[189]。

4.2.2.2　严重影响社会福利的土地审批制度

印度每个邦都建立有自己的一套土地审批体系，不仅审批程序极不透明，而且经常受人为因素影响，印度的土地审批制度已经对经济发展与社会福利的实现产生了严重影响。房地产、零售业和工业是受到土地审批制度影响最为强烈的领域，由土地征收及相关审批制度而导致的人为城市住宅土地短缺，使住房需求与住房供给之 间存在很大缺口，房价的大幅上涨和贫民窟的大量增加正成为比较严重的社会问题。企业要求自由使用土地的呼声不断升高。印度没有全国土地利用规划，但各邦都制定有本邦的土地利用规划，在每个邦内，土地利用规划实行自下而上再自上而下的编制方法，先编制地方规划，再编制各邦规划。根据土地利用规划，印度各地方政府实行非常严格的土地用途管制制度，对于违反土地利用规划、不按规划用途使用土地的土地所有者或他人，根据法律规定要受到惩罚，惩罚的方式有两种，一种是最高罚款1千卢布，另一种是最长关押1年。土地利用规划是地方政府许可一切土地开发活动的基础，是有关机构审批用地申请或用途转用的基本依据，土地利用规划的制定机构同时也是土地用途转变的审批许可机构。在哈里亚纳邦首府昌迪加尔市（Haryana，Chan—digarh），任何公司或个人如果打算改变位于控制区（Incontrolled Area）内的土地用途，必须获得该市城市和乡村规划部门（Town&country Planning）的批准。转变土地用途申请也需要提交项目报告，以确保该项目符合开发规划控制区所规定的分区规定的各项要求。尽管规定得很严，但现实中仍然存在很多未经批准的不符合土地利用规划的开发行为（Unauthoriesed Developments）废除禁止土地租赁的规定、解除城市土地限额、降低土地交易税、增加不动产税，是近些年来联邦和地方政府正在努力推行的主要土地政策改革。印度政府规定，在没有征得政府的许可之前，非农业经营者均不能购买农业用地，这项规定同时也阻碍了工业用地的获取。《孟买租赁和农业土地法》（Bombay Tenancy and Agricultural Lands Act）对此进行了修改，使企业在进行工业开发项目时能够在购买土地方面不受阻碍。因工业用途需要将农业用地转为非农用地的用地申请，其审批程序也被大大简化。为降低工业用地征收许可过程中的烦琐程序，邦政府将会考虑将更多的权力授予征地者。

作为联邦制国家，印度各级政府在土地审批权限的分割上，具有非常明显的特点。中央政府是土地审批政策的建议者，几乎没有土地审批权限；邦级政府是土地审批政策和规则的制定者，具有土地审批事务的最终裁决权；地方政府是邦级政策和规则的执行者，具体办理各项土地审批事务。土地审批权限的这种分割方式，主要源于土地由邦政府负责管理的法律决定。各地方政府机构负责根据本邦土地利用局制定的规定和程序，编制土地利用现状图和规划图，执行土地利用规划，根据土地利用规划审批土地使用者的用地申请，审批农地转用申请。印度的土地审批类型和审批内容既繁多又复杂，主要包括如下 7 种：农村无地农民的土地分配审批；农地购买审批；农地租赁审批；土地征收与建设用地分配审批；农用地转用审批；土地用途转变的规划许可审批；工业用地的转让审批。由于缺乏有效的租赁市场，土地法的限制已经降低了人们的职业流动性。很多大地产者宁愿土地空闲也不将其出租，造成了土地资源的低效利用。土地征收的程序各邦各异，土地征收审批的最终裁决权归邦政府。征收范围过宽，不仅包括公共利益用地，而且也包括工商业发展和房地产开发等非公共利益用地；征收价格过低；征收过程不透明是印度当前土地征收领域内存在的主要问题。

邦的城市土地最高限额规定、住宅用地必须先由政府征收后才能用于住宅建设的制度要求，以及土地征收审批程序滞缓都是造成城市住宅用地短缺的重要原因，造成城市住房短缺，导致 近年来房价飞速上涨，同时造成城市贫民窟扩张。根据印度一些邦的规定，小块工业用地可以进行转让，但要获得开发机构的转移许可，并按照一定的标准交纳转让费。

总的来看，印度的土地审批制度具有以下 5 个特点：

（1）联邦政府对土地审批只有建议权和协调权，邦级政府具有政策制定权和最终裁决权，地方政府负责具体执行。

（2）作为人地矛盾极为突出的国家之一，印度历来十分重视农地用途转用审批。

（3）存在严重的土地分配不均情况，没收超过土地最高限额的剩余土地并将其分配给无地农民构成了土地审批制度的一项重要内容。

(4)具有计划经济特征。作为由计划经济体制向市场经济体制转变的国家，虽然印度实行土地私有化，但土地要素的市场化根本就处于未被触动的状态，土地的自由交易受到较为严格的限制，几乎绝大多数的工商业用地都需要通过政府审批。

(5)土地审批的自由裁量权极大，全国除两三个邦以外，几乎都没有制定规范全邦土地利用的土地法，在土地审批制度缺乏一个透明的、统一的、制度性的、法律性的政策框架和程序规定的情况下，土地审批机构的自由裁量权得到最大发挥，土地领域内腐败丑闻频出。比如，为了突破政府对土地交易的种种限制，用地者只好采取行贿的方式，从而造成了很严重的腐败问题，土地行政管理领域内的腐败程度位居第二，仅次于警察腐败。在土地管理领域，用地申请者所付出的贿赂中约有50%用在了产权交易以及与产权交易有关的方面（如土地审批、财产评估、登记费用），36%用于获得产权交易文本，12%用于取得授权和支付有关税费。

国际金融机构认为印度应该进行市场导向型的土地改革，并建议将此项改革分两个阶段来进行：废除与市场化改革方向不一致的土地利用与管理政策。然后，废除所有限制土地买卖的政策，包括对土地买卖限额的限制性措施等。并修改公有土地的分配审批程序。完全取消农地租赁限制，提高农业领域的投资和效率。除生态环境及安全方面的考虑外，建议取消分区。取消土地市场运作方面的限制。这项改革应以降低土地诉讼、确认土地权属、增加利益团体获取土地市场信息的渠道为目标[190]。

印度的经验告诉我们，简单的土地私有化并不能解决问题，单纯靠行政管制和审批也是低效的，有效的制度安排与适度的市场化改革才是解决土地保护问题的可能途径。

本章小结

本章首先介绍了发达国家美国农地保护背景与目标、实施体系，然后将 28 种农地保护方法分成四类：调控型、激励型、参与型和混合型，分析了其各自特点，并做了简要评价。调控型方法中的城市增长管理、规划的公众参与机制，政府参与型方法中征用的公平市价补偿、非营利农地保护组织参与，激励型方法中完善的市场基础使税收发挥作用，以及根据地区差异采用组合型方法，都对我国有一定参考价值。同时，也对人多地少的亚洲国家日本和印度土地管理中的突出问题与经验进行了分析，从日本、印度的经验可以看到，简单的土地私有化并不能解决问题，单纯靠行政管制和审批也是低效的，有效的制度安排与适度的市场化改革才是解决土地保护问题的途径。

第 5 章 我国农地保护制度体系分析

我国从 20 世纪 80 年代以来，便将耕地保护作为基本国策，制定了最严格的耕地保护制度，这既是基于我国耕地资源短缺现实的理性选择，也是为了控制耕地持续减少的局面。上述分析表明城市扩张造成农地不断流失，本章拟在对我国现有农地保护目标、政策体系分析的基础上，剖析农地保护实施效果不理想的制度根源。

5.1 我国农地保护政策体系及其演进

适应国民经济和农业发展的整体战略需要，在不同时期，我国的农地保护政策及其目标也有所变化和调整。

5.1.1 改革开放前（1949—1978 年）

新中国成立初期，作为一个百废待兴的农业大国，恢复农业生产、提高农业生产力水平成为我国整个国民经济发展的首要选择，国家提出了“以农促稳”的战略目标和“以粮为纲、全面发展”的农业发展纲要。1949—1952 年全国进行了土地改革，调动了农民的生产积极性，使得战争中荒废的土地逐渐复耕。1952 年后，以大规模、优先发展重工业的工业化建设为主要内容的第一个五年计划启动，至 1957

年，我国的工业化率从1952年的17.6%增加到了25.4%，重工业、轻工业、农业的比例从15.3∶27.8∶56.9上升到了25.5∶31.2∶43.3。尽管钢铁、煤炭、电力等基础设施建设占用了大量耕地，但农地开发也受到了政府的极大重视，在“人定胜天”思想的引导下，国家采取大办国营农场、军垦农场和鼓励知识青年志愿垦荒、移民开荒以及农民就地开荒等形式，以黑龙江和新疆为重点进行了大规模的荒地开发，采取了“毁林种田，围湖造田，开垦荒山荒坡”等一系列尽可能增加耕地面积的措施，也加大了农田水利基本建设、水利设施投资活动的规模，以期通过扩大耕地数量来保证对农产品特别是粮食的需求。从1949年的9 788.13万公顷增加到1957年的11 183.00万公顷，共增加1 394.93万公顷，增长幅度达14.25%，年均增长1.68%。1957年政府开始实行“大跃进”运动，盲目发展工业，致使大量耕地被占用和废弃，耕地面积迅速减少。1958年国家颁布了在农村建立人民公社的决议，以期通过提高土地及其他生产要素的公有化程度来实现农业经济的高速增长，然而，这一在我国农村社会存在了将近20年的制度却恰恰造成了农地资源配置利用的扭曲，使得我国农村社会出现了“均贫”状态。1966—1975年的十年“文化大革命”运动，使得社会主义各项建设事业几乎归于停滞，农地开发的速度也有所减慢。从1957年的11 183.00万公顷减少到1978年的9 938.90万公顷，累计减少1 244.10万公顷，年均减少59.24万公顷，整体下降幅度为11.13%。到1978年，粮食总产量尽管从2亿吨增加到3亿吨，但人均粮食产量仍然很低，其他农产品的人均占有量多维持在 1957 年的水平上。农村的贫困境况并没有通过公有制的推行得到改观，全国农村约有 2.5 亿人口温饱问题没有解决[191]。

回顾新中国成立到 1978 年改革的近 30 年社会经济发展历程，我国农地利用保护的核心目标是最大限度地提高农产品特别是粮食产量，为国家工业化战略目标保证基本的食物供给，这甚至也是国民经济发展的核心目标。整体来说通过增加耕地面积、因地制宜地开展中低产田改造、农田水利建设，使得能够有效服务于农业生产的农地有了明显的增加，农地生产率也稳步提高。但是这种片面强调满足粮食生产需要的方式，也造成了农地利用结构失衡现象的存在，加剧了水土流失、农地退化，造成了大量的宜林地和宜牧地的破坏。由于过度毁林开荒，使我国水土流失面积在这一时期陡增。水土流失面积从 1949 年的 180 万平方千米，陡增至 20 世纪 70 年代 256 万平方千米[192]。

5.1.2 改革开放之后（1978 年之后）

1978 年 12 月十一届三中全会召开，掀开了中国经济体制改革的序幕，带来了巨大的社会、经济和环境改变，也使农地利用进入了一个新阶段。

家庭联产承包责任制的推行，极大地改变了国家、集体、农户之间的角色关系，克服了人民公社产权模糊的弊端，刺激了劳动者的积极性，使得基本农产品产量实现了持续快速增长，彻底扭转了农产品总量长期供不应求的局面。1979—1985 年，我国农业和农村经济出现了超常规增长，1984 年粮食总产量达到历史最高峰 40 731 万吨，长期困扰我们的温饱问题的基本得到了解决，经济增长转而成为我国整个20世纪80年代发展的主旋律，快速发展经济成为各级政府工作的中心，农地保护的立足点由优先满足农业特别是粮食生产用地需要，转变为保证国民经济发展、特别是非农产业发展的用地需要。1980—1986年，乡镇工业产值按不变价格计算平均每年增长25.7%，乡村工业的就业人数平均每年递增8.3%[193]。到1988年全国社队企业总产值占全社会总产值已从1978年的7.2%升至24%。乡镇工业迅速兴起带动了农村工业化的高潮，促进了小城镇的快速发展，城镇人口比例不断增加，使得我国的城市化水平不断提高，与之伴生的是非农产业用地需求的极大增长。1981—1985年耕地便减少了580万公顷。城乡居民点、工矿用地、交通用地面积迅速扩大，增加的居民点及工矿用地，约有80%是从耕地转换而来的，其余为牧草地、未利用地和林地[194]。农地非农化转用所呈现的加速态势，尤其是耕地的迅速减少也开始引起了国家的重视。1986年政府发布了《关于加强土地管理、制止乱占耕地的通知》，提出“十分珍惜和合理利用每寸土地，切实保护耕地，是我国必须长期坚持的一项基本国策”。1986年《土地管理法》颁布，加强了对土地的集中统一管理，这一时期耕地占用面积有所下降。适应经济发展的需要，农地利用结构有所调整，园地和鱼塘面积迅速增加，为改善生态环境开始恢复增加林地和草地面积。1987年3月，国家计委、原国家土地管理局实施了“非农建设占用耕地计划”，对全国年度非农业建设用地特别是占用耕地实行计划管理，计划的编制、下达纳入国民经济和社会发展计划，以计划的形式控制非农占用耕地的数量和投放时间。同年12月国务院办公厅转发国家土地管理局关于开展土地利用总体规划工作报告，要求各级政府编制土地利用规划，这标志着覆盖我国全部国土类型的土地利用规划工作启动。1988年10月，国务院实施土地复垦规定，对因从事开采矿产资源、烧制砖瓦等生产建设活动造成土地资源破坏的，本着“谁破坏、谁复垦”的原则，承担复垦义务。同期，国家也开始对黄淮海平原、三江平原、松辽平原的三大平原地区和其他省区的19个区域集中进行了农业综合开发，中低产田改造、草场改良和水土流失治理。

20世纪90年代开始，尤其是1992年之后，工业化、城市化的迅速发展，开发区热、房地产热的兴起，进一步掀起了非农占地的高潮，1992—1994年，三年间耕地面积共减少74.31万公顷。国务院在1992年连续颁发了《关于严格制止乱占滥用耕地的紧急通知》和《关于严禁开发区和城镇建设占用耕地撂荒的通知》，对抑制当时“开发区热”、“房地产热”的圈占土地歪风起到了积极作用。1993年，国家土地管理局出台了土地利用总体规划编制审批暂行办法，明确土地利用总体规划内容的核心是编制各类用地规划平衡表和划分土地利用规划区。1992年修订的《农业法》提出县级以上各级政府应该划定基本农田保护区，国务院批示了农业部、国家土地管理局《关于在全国开展基本农田保护工作的批示的通知》，进一步明确提出基本农田的概念，并要求在全国开展基本农田保护。1994年10月1日《基本农田保护条例》颁布施行，进一步强化了耕地保护的任务。1996

年原国家土地管理局提出保持耕地总量动态平衡的战略目标。1997 年 4 月 15 日中共中央、国务院发出了《关于进一步加强土地管理切实保护耕地的通知》，提出要用世界上最严格的措施保护耕地，接着在 5 月份又发出了冻结非农项目占用耕地的规定，对这一时期盛行的滥占和违法占用农地的恶风进行了有力的遏制。同年 8 月，农业部启动了《基本农田保护区土壤环境质量监测实施方案》和《基本农田保护区土壤质量监测工作技术方案》的通知，开始基本农田环境质量监测。1998 年九届全国人大第四次常委会修订通过并于 1999 年开始实施的新《土地管理法》，首次以立法形式明确了保护耕地作为一项基本国策的法律地位，规定“省、自治区、直辖市人民政府应当严格执行土地利用总体规划和土地年度计划，采取措施，确保本行政区域内耕地总量不减少”。1999 年国家开始试点、2002 年起正式实行旨在改善生态环境的退耕还林政策，采取补贴政策鼓励水土流失、荒漠化严重、粮食产量低而不稳的地区进行生态退耕。这些，都标志着我国的农地利用保护进入一个以耕地总量动态平衡为基本目标、倡导可持续发展的新阶段。

然而，实际执行效果并不理想，耕地保有量指标一再被突破，基本农田被违规占用、污染、占优补劣问题突出。以 1996 年为基期的第二轮全国土地利用总体规划曾确定 2000 年的耕地保有量为 19.4 亿亩，2010 年的耕地保有量要控制在 19.2 亿亩。结果刚到 2000 年，全国耕地保有量就减少到 19.236 5 亿亩，比当时设置的红线少了 0.163 5 亿亩。因此，1999—2000 年国土资源部又先后下发第 39 号、第 358

号和第120号文件，落实“耕地总量动态平衡”。2000年以来，国土资源部对基本农田进行了调整、划定、检查等一系列监督检查办法，对基本农田提出“总量不减少、用途不改变、质量不降低”的要求。然而，2001年以来，全国因城镇村非农建设用地调整基本农田面积28.36万公顷，各类非农建设违法占用基本农田面积7.75万公顷，全国基本农田因各种因素减少387.37万公顷，同期补划125.77万公顷，减补相抵，净减少261.60万公顷，至2004年的几年间基本农田年均减少1 000多万亩。有27个省（区、市）的基本农田出现减少趋势，16个省（区、市）的在册基本农田面积低于《全国土地利用总体规划纲要》确定的指标[195]。2003年3月全国人大常委会通过了《农村土地承包法》，明确规定耕地的承包期为30年，草地为30～50年，林地为30～70年，保障土地承包经营权的稳定，并许可一定范围内的土地承包经营权流转。2003年党的十六届三中全会通过《关于完善社会主义市场经济体制若干问题的决定》，再次指出“实行最严格的耕地保护制度，保证国家粮食安全”。2005年10月，国土资源部、农业部、国家发展和改革委员会、财政部、建设部、水利部、国家林业局等多个部委联合发出《关于进一步做好基本农田保护有关工作的意见》，提出6项措施捍卫基本农田，将“严守18亿亩耕地红线”作为约束性指标，《全国土地利用总体规划纲要（2006—2020年）》，温家宝总理在十七届三中全会、十一届全国人大二次会议的政府工作报告中都一再强调“耕地不少于18亿亩这个红线，以确保粮食安全”。在强调数量目标的同时，国家也开始关注“质”的要求，2007 年中央 1 号文件也明确提出“要切实提高耕地质量”。有学者指出，生态退耕是影响耕地保护、造成耕地数量下降的主因，但实际上实行退耕的地方本就是不太适宜农业生产的边缘土地，在实施退耕还林的主战场，西部一些区域（例如上文中提到的陕北吴起）出现了粮食产量不降反升，根据国家农调队 2004 年的调研数据显示粮食减产的根本原因是由于经济高速发展，城市化步伐加快，占用大量良田搞公共设施、房地产及开发区建设等，以及农民工进城务工致使弃耕撂荒严重。自 2009 年以来的 5 年间，我国的粮食自给率逐年下滑，从 99.6％下降到了 2013 年的 97％。

在我国经济飞速增长、人民生活水平极大提高的新时期下，“占补平衡”不再只是数量上的要求，还应包括对质量的要求，以及生态的要求。就基本农田制度发展历程来看，基本农田保护制度的核心也从单纯的数量保护模式向到数量与质量并重的生产能力保护模式转变。这一点，从 1996 年以后基本农田保护政策文件的发布中得到充分体现。面对约束“红线”，以及工业建设、城市扩张，农地保护政策的保障和落实是否能改变“知易行难”局面，使我们有必要重新统筹审视我国的农地保护政策体系。

5.2　我国农地保护的政策与方法评价

综上所述，我国实行土地公有制度，我国农地保护政策从 20 世纪 80 年代开始逐渐建立和完善，以法规政策调控为主，总体指导思想是保持耕地总量的动态平衡占补，已经形成了以耕地占补平衡、用途管制、产权管理为核心，以与农业和农地相关的外围法律、农业政策相配套的完整的体系（图 5-1）。《基本农田保护条例》和《土地管理法》构成了我国农地保护的基本法律调控制度。

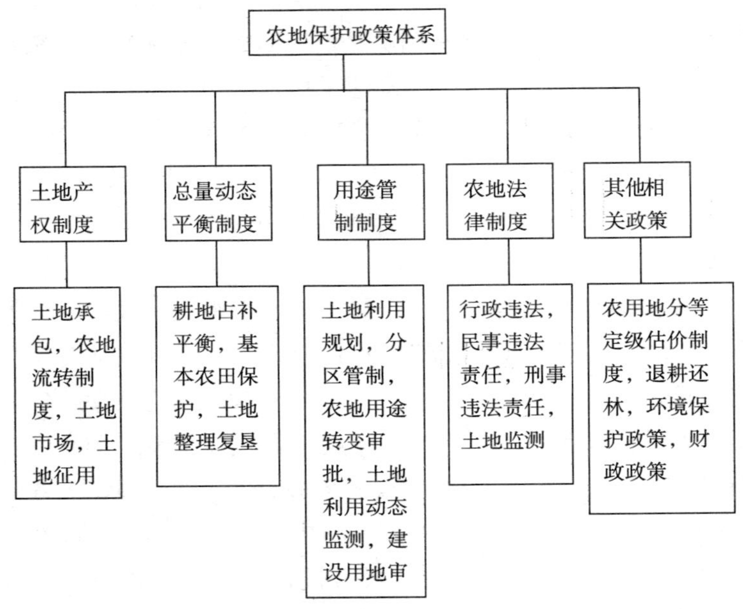

图 5-1　我国农地保护政策体系

这里将主要分析城市扩张中农地保护相关政策失效的地方，即农地大量非农转用、流失过程中产生的问题。因此，将主要从耕地总量动态平衡制度、用途管制制度、产权制度中的农地征用、农地流转和土地市场这几个核心方面进行评价，剖析问题存在的深层原因。

5.2.1　总量动态平衡

自国家土地管理局 1996 年提出耕地总量动态平衡管理目标后，保证耕地总量在区域内不减少便成为中央对地方的一个约束性指标要求。1998 年新修订的《土地管理法》中大量的篇幅在于耕地保护，特别强调了“耕地总量动态平衡”的原则，“保证耕地总量只能增加，不能减少”，使之上升到了法律的高度。

城市扩张和公益设施建设经批准非农建设占用基本农田保护区内耕地，必须遵循此原则。《土地管理法》第三十一条至第三十三条规定，“国家实行占用耕地补偿制度”。非农业建设经批准占用耕地的，按照“占多少，垦多少”的原则，由占用耕地的单位负责开垦与所占用耕地的数量和质量相当的耕地；没有条件开垦或者开垦的耕地不符合要求的，应当按照省、自治区、直辖市的规定缴纳耕地开垦费，专款用于开垦新的耕地。省、自治区、直辖市人民政府应当制定开垦耕地计划，监督占用耕地的单位按照计划开垦耕地或者按照计划组织开垦耕地，并进行验收。县级以上地方人民政府可以要求占用耕地的单位将所占用耕地耕作层的土壤用于新开垦耕地、劣质地或者其他耕地的土壤改良。省、自治区、直辖市人民政府应当严格执行土地利用总体规划和土地利用年度计划，采取措施确保本行政区域内耕地总量不减少。耕地总量减少的，由国务院责令在规定期限内组织开垦与所减少的耕地数量和质量相当的耕地，并由国务院土地行政主管部门会同农业行政主管部门验收。个别省、直辖市确因土地后备资源匮乏，新增建设用地后，新开垦耕地的数量不足以补偿所占用耕地数量的，必须报经国务院批准减免本行政区域内开垦耕地的数量，进行易地开垦。

国家也采取了一系列鼓励农地整理、复垦的措施，要求各级政府在土地利用总体规划指导下，在保护和改善生态环境、防止水土流失和土地荒漠化的前提下，整治中、低产田，闲散地，和因生产、建设活动挖损、塌陷、压占（生活垃圾和建筑废料压占）、污染或自然灾害损毁等原因造成的废弃地，开发未利用的土地。2003 年《全国土地开发整理规划》颁布实施，禁止毁坏森林、草原开垦耕地，禁止围湖造田侵占江河滩地。复垦的土地应当优先用于农业。土地整理新增面积的 60%可以用作折抵建设占用耕地的补偿指标，适宜开发为农用地的，应当优先开发为农用地。所需费用，按照谁收益谁负担的原则，由农村集体经济组织和土地使用者共同承担。为进一步加强土地开发整理，将我国划分为 10 个土地整理重点区域，11 个土地复垦重点区域，6 个土地开发重点区域，共涉及 1 620 个市（县、区）。此后，国土资源部又在 2005 年 2 月下发《关于加强和改进土地开发整理工作的通知》，提出促进资金与资源的合理配置，支持重大工程和重点区域建设。

这种“耕地总量动态平衡”，“占一补一”及整理、复垦、未利用地开发这些创造性的规制措施，对于一些滥占耕地威胁粮食安全的行为确实起到了限制作用，但是其也存在缺陷。

5.2.1.1 数量目标明确，质量目标缺乏标准

耕地总量动态平衡的要求对于耕地面积数量指标最为关

注，要求“占用耕地与开发复垦耕地相平衡”，但对于新开垦耕地产出能力的质量标准要求却没有详细的规定。实际上，耕地的产出与水热条件、土壤成分有直接的关系，耕地质量的优劣对粮食生产有显著影响。傅泽强，蔡运龙（2002）[196]等的研究表明，每减少1公顷高产田或中产田，则在期望保持相同数量粮食总产量的条件下，需要增加3.68公顷低产田；或者每保持1公顷高产田或中产田，可将3.68公顷低产田用于非农利用。一般地，我国位于城市近郊的原有耕地都是农业利用较久、肥力条件、光热条件较好、农业产出能力较强的优质农地，新开垦的农地产出上远远不及原有的耕地，因此单纯从耕地面积的数量上保持平衡并不能达到保证粮产能力平衡的目标。无论是《土地管理法》还是其他相关法规，只是提及“同等质量”，这种缺乏具体和定量化标准的规定，致使我国现有的耕地占补数量平衡措施存在质量目标难以把握和达到，而数量指标容易控制。加之我国幅员辽阔、地理条件差异较大，由于土地的自然属性也使其管理本身具有很强的地方性，多个层级的上报造成多层信息损失，一些具体的用地方案就会抽象成为几个数字，中央政府对土地供应数量和时限的规定就不一定能够较好的反映用地需求和合理的管制程度。使得占优补劣、以次充好现象普遍存在。要求按照行政单元保持总量动态平衡，在东部迅速城市化的省内较难执行。

5.2.1.2　忽视农地的区位价值

在城市化开发中，土地的区位在其价值增值中起着巨大的作用。克里斯塔勒的城市区位论便指出“城市对其周围地区承载的各种服务职能，理论上必须最接近所属地区的地点”，因而，一般位于城市周边的农地将最先被转为农用。城市扩张到的区域也是土地升值最快的地方。而我国的耕地总量动态平衡要求在一定时段内保持某一区域范围内的总量指标，至于具体位置却无从控制。虽然在用地区位上有土地利用规划图纸和基本农田保护规定为标准，但由于规划本身的编制、审定过程便比较灵活，因此，地方政府为了实现城市的规模升级，不仅在土地利用规划和城市规划中将城市用地规模尽量做大，而且对于有严格法律明确保护的基本农田保护区，在规划中划远不划近、划劣不划优，这几乎已经成为业内公开的秘密。

5.2.2 农地征用与土地市场

征地是各国政府在城市化、工业化发展过程中将农村土地转为城市土地和工业、交通用地的主要途径，也是一些国家实施土地国有化的常用手段。一直以来，农地征用是我国产生问题最多的地方，因而也备受社会各界的关注。据有关资料显示，目前因征地引发的农村群体性事件已占全国农村群体性事件的 65％以上[197]。工业化、城市化建设必然要占用部分农地，《土地管理法》第八条和第十条对土地的所有权做出了明确规定，“城市市区的土地属于国家所有。农村和城市郊区的土地，除由法律规定属于国家所有的以外，属于农民集体所有；宅基地和自留地、自留山，属于农民集体所有。农民集体所有的土地依法属于村农民集体所有的，由村集体经济组织成员或村民委员会经营、管理；依法分别属于村内两个以上农民集体经济组织的农民集体所有的，由村内各农村集体经济组织或村民小组经营、管理；依法属于乡（镇）农民集体所有的，由乡（镇）农村集体经济组织经营、管理”。《物权法》也明确了这种制度规定，重申除此之外，其他任何单位和个人，都不是土地的所有权者，只享有土地的使用权。在这种制度架构下，如果非农建设用地需要使用集体土地，必须通过征用来改变其产权属性，将集体所有的土地转变为国有土地。对于这种征用行为，我国宪法第十条规定，“国家为了公共利益的需要，可以依照法律规定对土地进行征收或者征用并给予补偿。”此外，土地管理法第四十七条规定，“征收土地的，按照被征收土地的原用途给予补偿。”也就是说，土地征用必须以公共利益为目标，以补偿为条件。早在 1953 年，中央政府便颁布了《国家建设征用土地办法》，1998 年修订的《土地管理法》（以下简称新《土地管理法》）对土地征用的审批权限、征地程序、征用补偿问题也做了许多重大调整，强调必须实行政府统一征地，不允许用地单位直接与被征地集体经济组织讨价还价。2004 年再次修订的《土地管理法》开始用“征收”的概念替代以往的“征用”。同年 12 月，国土资源部为贯彻执行《国务院关于深化改革严格土地管理的决定》而下发了《关于完善征地补偿安置制度的指导意见》，从五个方面提出了对征地补偿安置的完善。纵观这些相关的政策和法律，不难发现我国征地问题产生主要在以下几面：

5.2.2.1　征地程序和范围过于宽泛，缺乏谈判机制

征地目标界定过于宽泛，执行中信息不透明、缺乏监督和公众参与机制，是导致地方政府滥用征地权力、多征地、

乱征地的原因之一。我国《宪法》和《土地管理法》规定，“国家为了公共利益需要，可以依法对集体所有的土地实行征收或者征用并给予经济补偿”。首先，对于公共利益缺乏明确的界定。在实际征用过程中，地方政府利用手中的裁量权，人为扩大公共利益的范围，甚至以公共利益为掩盖大量进行商业性用地项目的开发。其次，在征地过程中，尽管也会明确公告征地情况、确认征地调查结果、组织征地听证等，但是在实践中难免流于形式。土地方案大多由土地部门单方面制定，作为被征地对象，农民并无法真正参与到征地谈判中。而且缺乏第三方机构参与，监督征地过程中的违规违法行为，难免出现政府机关充当了“裁判员”与“运动员”的现象，自定规则、自己执行、自己监督。另外，政府关注的重点在于征地数量的控制，对于征地对象的划定并没有具体的要求，即到底是占用耕地，还是占用农村居民点用地，两者之间是否存在一定的比例关系等等，都没有涉及。

5.2.2.2 征地补偿办法未能全面体现农地的价值

新《土地管理法》对土地补偿标准进行了大幅提高，但依然以农业产值为依据。规定“征收耕地的补偿费用包括土地补偿费、安置补助费以及地上附着物和青苗的补偿费。土地补偿费，为该耕地被征收前3年平均年产值的6～10倍。安置补助费，为该耕地被征收前3年平均年产值的4～6倍，最高不得超过15倍。征收其他土地的土地补偿费和安置补助费标准，由省、自治区、直辖市参照征收耕地的土地补偿费和安置补助费的标准规定。征收城市郊区的菜地，用地单位应当按照国家有关规定缴纳新菜地开发建设基金。被征收土地上的附着物和青苗的补偿标准，由省、自治区、直辖市规定。”第47条中还规定了“土地补偿费和安置费的总和不得超过土地征收前三年平均产值30倍”的上限规定。正在酝酿之中的新的土地征收补偿标准改革，尝试去除“土地土地补偿费和安置费的总和不得超过土地征收前三年平均产值30倍”的规定，改为“征收农民集体所有土地，应当依照合法、公正、公开的原则制定严格的程序，给予公平补偿”。值得欣喜的是，这一新的规定，显然已开始关注土地征收时对于农民的征收补偿标准偏低及规定过死的缺陷，但新的征地补偿具体办法仍未出台。调查显示，在农地的征用过程中，农民获得的补偿仅仅相当于成本价的5%～10%，农村集体得到25%～30%，规定征收耕地的补偿费用包括土地补偿费、安置补助费以及地上附着物和青苗的补偿费①。尽管2004年国土资源部又出台了《关于完善征地补偿安置制度的指导意见》，具体提出了要采取农业生产安置、重新择业安置、入股分红安置和异地移民安置的办法安置被征地农民，要求将土地补偿费全部用于土地被全部征收农民的生产生活安置。但是，通常征地谈判由村集体组织甚至地方政府的代表来进行，并且农地征用补偿由行政机关单方面决定，相应的监督机制和惩处机制缺乏，难以真正解决村集体对于土地补偿费和安置补助费的层层克扣，进而导致失地农民无法获得最低生活保障的问题。这样的案例在各种媒体报道中屡见不鲜。此外，相关政策法规都注重对征地数量的控制，

---

① 物权法与土地征用，http：//business.sohu.com/20070313/n248687074.shtml.

对于征地补偿对象也没有清晰的界定，相对于居住密度大、拆迁安置费用相对较高、建设周期较长的农村居民点，征地费用低廉、利用现状简单的农田菜地便成为征地的首选。

农地的价值不仅包括按农地产出收益核算的市场价值，还应包括非市场价值，如开敞空间、优美景观、净化空气等生态价值及社会价值的核算，这恰恰是我们在征地补偿中仍未能体现的。随着城市的开发，会给位于城市周边的基本农田带来巨大的升值机会，而这种补偿标准依然忽视了土地的市场价值，农民在土地征收中处于被动的局面，缺少话语权，很少能参与土地的发展，更无法分享土地价值的增长，普通公众作为与农地相关的利益相关者更是没有参与征地过程的话语权。

5.2.2.3 征地增值收益分配不合理

前面已经分析过城市扩张中的土地增值有：技术推动的增值、供求推动的增值、用途转变推动的增值、投资推动的增值和政策导向的增值。一般地，城市及其周围土地总是处于不断增值的状态[198]。市场经济条件下，土地增值收益应是以土地市场上形成价格为依据，在土地使用者、所有者之间进行分配。目前我国征用土地增值收益在各主体之间的分配不合理问题十分严重，这也是造成征地问题较多的一个主要原因。

在现行征地制度条件下，中央政府所能得到的土地增值收益部分主要集中在耕地占有税和新增建设用地土地有偿使用费上，前者基本接近农民所获得的征地补偿费水平；地方政府利用中央政府赋予的征地权利和中央政府对土地市场的垄断，进行低价征收农民土地并高价出卖而牟利，土地出让金与征用补偿之间的差额性成了巨大的增值收益空间，特别是在中央财政分权以后，地方政府具有了独立的财税权，土地出让金便成为地方政府财政收入的重要来源。根据对长江三角洲地区的测算，征地补偿金大约为土地出让价格的1/10，出让价格仅相当于土地市场价格的1/5[199]。根据前面对西安市的实证也表明，征地补偿与土地的市场出让价格相差在数十倍以上。因而地方政府必然会通过增加土地征占，谋求地方经济发展和显示政绩，导致农地过度非农化。

另外，对土地征用补偿款的分配我国目前也没有具体的政策规定，现实操作中土地征用款的分配方式主要有按集体经济组织全体成员平均分配，按土地承包关系享受土地补偿款与安置补助费，按是否常住村民享受全额分配，或按土地权属分配，即土地补偿款归集体所有，安置补助费归征地农民所有。这几种分配方式都有其各自缺陷，也因此造成了农村贫富差距拉大，增加了农村社会的不稳定性。

我国由于土地市场尚不健全，农地产权主体不明，农民集体土地所有权与国家土地所有权不平等，同样是拆迁安置补偿，即使农业土地和城市用地有着同样的区位优势，给予城市居民的补偿也要远高于农民。基本农田保护区内和区外差别待遇，鼓励了隐性及非法土地交易市场的滋生，也推动了混杂的不合理土地利用，造成城市蔓延、交通成本及社会成本增大，影响城市的规模聚集和地方经济竞争力。同时，农地非农化直接收益提高，城市就业机会增多，青壮年农村劳力纷纷进城务工，土地撂荒现象普遍。发达国家的共同经验是通过机械化经营解决农业劳动力流动问题，降低农业成本、增加收益，但基础是必须可允许土地转包，有可流转的使用权。我国尽管承包权保持不变，但农地在农村集体内部根据人口增减、建设需要频繁重新分配，农民在承包土地上的投入如施肥、耕作等在转用时并未纳入补偿，都促使农民对土地的投资下降，降低了农民保持农业生产的经济动力。总之，农业用地向城市用地转换的经济动力超过了禁止农地转换的惩罚，加速了农地非农转化的速度，而农地保护的激励却明显不足。

5.2.3 农地用途管制

土地用途管制，即根据当地的土地资源状况和社会经济发展对土地资源利用的要求，依据土地利用规划，在一定区域内划定土地用途分区，确定各分区的用途限制内容，实行用途变更许可的一种制度。我国《土地管理法》第四条指出“国家实行土地用途管制制度。国家编制土地利用总体规划，规定土地用途，将土地分为农用地、建设用地和未利用地。严格限制农用地转为建设用地，控制建设用地总量，对耕地实行特殊保护”。土地用途管制制度主要包括规划管理、实施管理和监督管理三个部分。土地利用规划由各级人民政府负责编制，建设用地供应指标、耕地总量指标和后备土地资源开发总量指标等实行层层分解控制，对农用地用途转变实行严格的限制条件。并将农地分为基本农田保护区和一般农田保护区，编制基本农田保护区规划，实行差别管制。1998年国家制定的新《基本农田保护条例》指出基本农田为粮、棉、油和名优特新农产品生产基地，高产、稳产田和有良好的水利与水土保持设施的耕地以及经过治理、改造和正在实施改造计划的中低产田，大中城市蔬菜生产基地，农业科研、教学试验田。基本农田中又分出生产条件好、产量高、长期不得占用的一级基本农田，和生产条件较好、产量较高、规划期内不得占用的二级基本农田。占用基本农田及其以外耕地 35 公顷以上，其他土地超过 70 公顷以上必须经过中央政府的批准。省、自治区、直辖市划定的基本农田应当占本行政区域内耕地总面积的 80％以上，县级以上地方各级人民政府应当将基本农田保护工作纳入国民经济和社会发展计划，作为政府领导任期目标责任制的一项内容，并由上一级人民政府监督实施。

我国土地用途管制存在的问题有：

5.2.3.1　规划法律地位、编制的科学性不足及“两规”并存现象

科学的规划是实现土地合理利用的基础。在我国，土地利用规划以实现土地利用结构优化和保护耕地资源为总体目标，对土地利用进行宏观控制和指导；而城市建设规划则以保证规划期内有足够的建设用地为目标。两个规划目标之间的矛盾，导致管理上的冲突。而且两个规划的编制分别由两个部门负责，在操作中也会产生利益冲突和政出多门，尤其是在城乡边缘地带，最容易出现“规划随着项目走”的现象。

一方面，我国的规划法律地位也不够，规划的执行和修订存在很大的弹性，容易产生寻租的机会；另一方面，我国的规划多是在严格的规划期限内，属于静态和刚性规划，预

见性、城乡规划的协调性、规划编制的科学基础都比较薄弱，是导致规划变动性强，难以发挥应有的龙头作用的真正原因。美国的法律法规调控体系比较完善，不仅规划具有较高的法律地位，保证其实施和落实，土地开发和利用都要受规划的约束，且规划还是一个参与式的过程，对允许的农地面积、密度、空间布局、邻近农地允许建设房屋数量、城市扩张的边界等，不仅有明确的规定与详尽的评价指标，标准化的操作流程，而且规划结果公示并由公众投票决定。农业区一旦被确定，便永久地被作为农地保护，政府全面监控与管制对农地的转用。相比之下，我国土地利用规划编制的基础不够科学、实用性尚待提高、实施缺乏必备有效手段[200]，相应的法律地位也不够，耕地保护与耕地占用、审批甚至监督的行政主体几乎相同，实践中普遍存在土地利用规划指标屡屡被突破现象。并且由于基本农田判定和操作标准模糊，下级组织可能利用自身的信息优势，划劣不划优，影响用途管制的执行目标和农地保护的执行效果。

5.2.3.2 基本农田的划定和操作缺乏标准化流程和评判指标

我国基本农田的划定、利用、监测和管理等保护指标，没有合理评定标准，进而影响实际保护的操作。偏重于数量指标，对质量尤其是区位指标缺乏具体的定量判定标准，弹性较大，且主观性较强，由此而划定的基本农田保护区，一方面可能造成将优质农地划在保护区之外的问题，另一方面也可能造成地区之间基本农田鉴定标准存在差别，还可能导致与耕地保护相关的保护等级和土地用途管制内容与标准发生不一致。特别是城郊地区的基本农田“划劣不划优”、“划远不划近”现象，造成优质农田的大量损失，直接影响耕地保护政策实施的可操作性和效果。

我国在土地管理上政府拥有高度集中的土地资源分配权力，中央政府是农地保护的推动主体。现行的城市土地由行政划拨、土地二级市场、市场公开交易等方式分配，而农地非农化转用仍只能先经过政府征用这唯一合法途径。农地征用补偿由行政机关单方面决定，为一些政府机关和机构制造了从中套利的机会[201]。较低的农地转用补偿与转为建设用地之后的巨额土地有偿使用费之间的巨大利润差值，及这部分收入大部分留成地方财政，成为地方政府收入的重要来源。而中央政府将推动地方经济发展作为地方发展和干部考核依据，使得地方政府难免会以土地分配的权力谋求中央政府的财政收入目标，扩张基础设施建设、以低廉土地成本吸引外商和企业进入，很容易将土地开发扩张到城市边缘质量较好的优质农地，甚至会囤积土地以备将来进行市场投机，而不是在现有城区内增加建设密度。农地转换的高额回报超过了违反农地保护的惩罚，耕地面积锐减的现实便不可避免，政府行为代替市场行为、企业行为情况时有发生[202]。此外，征地目标界定过于宽泛，在实际执行中缺乏公众参与与监督，才会存在农地保护主要由中央政府推动，侧重于行政法手段和行政审批制。

本章小结

本章对我国农地保护的目标及政策体系的历史演进进行

了回顾与梳理，然后对城市扩张中导致农地保护失效的原因进行分析，剖析制度及政策成因。主要从耕地总量动态平衡制度、农地征用和土地市场、用途管制制度几个核心方面进行了评价，认为总量动态平衡的问题在于重视数量指标，对区位和质量指标要求不足；认为我国的土地市场不健全、农地征用的目标与范围过于宽泛、农地补偿难于体现农地的市场价值、农地增值收益分配不合理；而农地的用途管制中的问题主要在于规划法律地位、编制的科学性不足及“两规”并存现象，基本农田的划定和操作缺乏标准化流程和评判指标。

第 6 章　关中地区农地保护参与主体及其行为特征分析

与制度体系同等重要的是由各方参与主体共同构筑的农地保护执行体系。农地保护工作的展开有赖于各参与人的作为，各参与人的行为直接关系到农地保护的效果，也关系到国家各项制度、方针、政策执行的各个环节。本章基于几年间对关中地区农民的入户调查，对农地保护的各参与主体行为目标与特征及其农地保护认知和支付意愿进行分析，发现关中地区农地保护执行体系中可能面临的问题。

6.1　农地保护的相关参与主体界定及其行为特征

6.1.1　农地保护的相关参与主体界定

我国在土地管理上权力比较集中，土地管理体系由国家、省（自治区、直辖市）、市、乡（镇）五级政府及其相关土地管理机构构成（图 6-1），国土资源部作为中央政府土地管理的代表负责我国土地资源的管理、调查和开发、土地总体规划、农地保护等职责；各级地方政府及土地管理部门及行政机构行使政策实施、用途管制、规划编制、地价评测、监督检查等工作，上下级之间采用签订责任状或目标管理责任制等形式明确责、权、利。农村集体组织作为农民的代表，在农村土地的分配、管理中承担着管理任务；农民则是农地直接的使用者。

中央政府（也即国家）是城市建设用地的所有者，它负责制定全国性的土地政策、法律和制度，中央政府从全局的观点来看农地资源与非农用地资源的分配，不仅要考虑经济效益，还要考虑社会效益和生态效益。因此，在农地保护中，中央政府是农地保护的任务发出者，也是我国农地保护工作的推动主体。

各级地方政府是城镇建设用地的经营者和管理者，对所经营和管理的建设用地享有所有权和收益权。我国在行政上实行垂直管理，各级地方政府对上一级政府负责，既是中央政策的执行者，也是各地农地保护的计划者和决策者。在农地保护中，地方政府由国土、计划、规划、建设等政府相关职能部门组成。地方政府一般从地域的观点来看农地保护问题，各级地方政府首要关注的是上级政府对自己的行政和经济发展的考量，因而对经济效益和政绩目标的关注程度较高。陕西省规定国家建设用地的征用土地，须经县以上人民政府批准后，土地管理部门负责划拨土地、核发土地使用证。

按现行法律规定，农村集体是农村集体土地的所有者。一般情况下，在农地非农化的过程中，农村集体土地所有权转变为国有土地所有权。村干部作为农村集体的领导者，在农地非农化过程中有一定的决策权，主要体现在对农地非农化收益的分配决策上。作为经济人的村干部，尽管可能利用其收益分配的权利牟取私利，但从农地上获得最大化经济效益是其和农民共同的利益目标。

农民是农地的直接使用者，享有农地的承包经营权和收益权。农民在农地上的农业生产经营活动会直接影响到农地的数量保持及农地的质量和生态。农地流失则会导致农民成为失地农民，甚至身份改变成为城市居民，对其利益影响很大。

综上所述，本文将农地保护各参与主体界定为：中央政府、地方政府和农民。地方政府包括省、市、县、乡四级政府。由于村干部一般也是农民中的杰出代表，其身份依然是农民，因此将其归为农民。

实际上，农地面积的多少和农地质量的好坏，关系到所有人的衣食住行和生活环境，因此，参与农地保护是所有公民的权利也是义务。但是，公众参与也需要政府在制定政策时明确公众参与的程序、方式、内容等，使公众监督落到实处。因此，本章主要研究在执行农地保护中中央政府、地方政府和农民的行为。假设存在两个市场：一个是农地征收市场，生产者或称供给者是农民，消费者或称需求者是中央和地方政府；一个是建设用地出让市场，生产者是中央和地方政府，消费者是用地方。由于农民土地所有权的缺失，农民不能直接将土地出让给用地方，因此出现政府出现在两个市场上的情况。

6.1.2　农地保护各参与主体的行为目标及其关系

6.1.2.1　中央政府的行为目标

中央政府的目标既包括政治目标，也包括经济目标。作为国家的治理者代表，一方面，要维护其执政者地位，便需

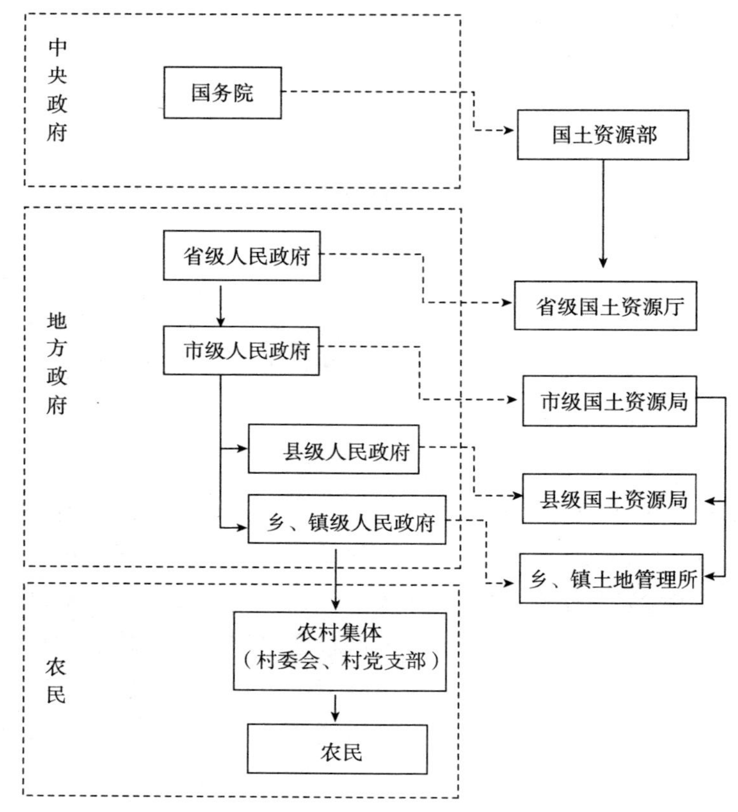

图 6-1 我国土地管理组织体系

要维护国家和社会的政局稳定，保证综合国力提升，不断增强公民的满意度。从经济学的角度看，政府的行为某种程度上也带有企业的特征，通过为其行政边界里的经济人（居民、企业）提供公共服务（基础设施、法律保障、公共安全、教育等），获取经济收益。因此中央政府，要维护自身的运行也需要经济收入。因此，中央政府一方面致力于经济建设，保持国民经济的增长和平稳运行、提高人民生活水平，保证充分就业，维持国家政局和社会稳定；另一方面，尽力地提高中央财政收入，保证自身有足够可支配的资金，保障各项利于国计民生的方针政策的运营和落实。

中央政府的高层领导人的执政目标也不是个人的短期政治目标，而是为了国家的长期执政目标，因而其行为更为理性，没有必要或者也不愿意去谋取非法收入。综上所述，中央政府的行为目标主要有经济增长、社会稳定、充分就业，保证社会和经济的可持续发展及中央财政收入最大化。

6.1.2.2　地方政府的行为目标

地方各级人民政府（以下简称地方政府）是中央政府在各地区的下辖行政机构，也是区域经济发展的推动主体，因此也有政治、经济、社会三重目标。

改革开放之前，我国实行高度集中的计划管理体制，地方政府的行为目标主要是认真执行中央政府的方针和政策，按时完成中央计划任务。由于财政上实行统收统支，地方政府在经济上并没有过多的权限。改革开放以来，中央对地方政府的行政垂直管理体制并没有改变，但地方政府行为目标开始转变为既完成中央的政策目标，又要实现地方经济收益最大化的双重目标。这是由于改革开放后中央政府在事权、财权与决策权等划分上进行了扩权让利，中央政府对地区经济发展政策和战略进行调整，扩大地方政府管理区域经济活动的权力，地方政府的事权、财权和决策权都明显增强，使地方政府的决策权和经济自主权都得到了极大提高。特别是

1985年以后，中央和地方分权的步伐大大加快，地方政府在计划、投资、信贷、外汇管理等方面的权力迅速扩大，在组织地方经济发展中的作用日益明显。1994年，我国实行了分税制财政体制改革，又打破了原有的财政分级包干体制，建立了以增值税为主体、消费税和营业税为补充的流转税制，统一了内资企业所得税率，修订和合并了个人所得税，基本形成新财税管理体制的框架，使中央和地方财政都有了自己稳定增长的收入来源。地方政府财力的不断增强，更使地方有能力增加对本地区农业、能源、交通等重点项目的投入[203]。

从地方政府领导干部任命制度来看，各级地方政府的管理者是由上级的组织部门负责考察任命。这种干部考核任命制度的弊端是促使下级政府更注重对上负责，地区内的普通公民和经济主体对政府管理者行为的影响较弱。地方政府管理者热衷于用政绩来实现个人的升迁，只有获得中央政府和上一级领导的支持，才能有机会获得连任和晋升。而另一方面，中央政府对地方政府政绩的衡量，经济增长、财政收入指标也是重要的依据。上级部门不再对下级政府下达全面的经济计划指标，而是选择关键性指标，如GDP、投资、税收、出口、利用外资等对地方政府进行业绩考核[204]。由于经济增长是显性化指标，短期内容易体现，而且一些“面子工程”“政绩工程”也需要地方财力的支撑。地方财政收入增长不仅是完成上级政府的要求，也是满足地方政府自身运行与管理者利益、推动经济增长的重要条件，因此这也促使地方政府管理者将保持经济增长、实现财政收入最大化作为其任期内的主要目标之一。地方政府为了当地经济的发展，会形成较强的地方保护主义，阻碍全国性市场的形成。

6.1.2.3　农民的行为目标

农民与土地有着一种天然的依存关系，土地是农民的安身立命之本，也是确立其农民身份的基础。作为行为个体，自身经济、社会利益目标是其行为的出发点。

改革开放之前很长一段时期，农民的经济收益全部来自于农业收入，土地利用目标和效益简单明确，土地利用特征单一稳定，种植业居主导地位。由于社会的经济整体发展水平较低，能够满足基本的生存保障是广大农民的基本愿望。自农村经济体制改革之后，农民开始拥有承包土地的自主经营决策权、收益权和部分处置权，农地的所有权属于农民集体所有，30年稳定的承包权极大地提高了农民的生产积极性，开发了土地和劳动力的潜力，有力地推动了农村社会经济快速发展。但是人口不断增长，土地不断按人口细碎化分配，家庭承包、分散经营的弊端开始显现，农业生产和基础设施落后，自然导致农业比较收益低下。20世纪80年代，家庭手工业与商业的兴起，城市化的发展，乡镇企业逐步兴起，使大量农村剩余劳动力纷纷离开土地从事工商业或者进入乡镇企业获取非农收入，农民的经济来源开始多元化，收入也开始极大提高。随着经济迅速发展、非农就业机会越来越多，而人均占有的农地越来越少，农民开始兼业经营，即每人每年在农业以外就业3个月以上[205]，以获取货币收入的最大化。随着农民生活水平和受教育水平的不断提高，现代农民也开始关注自身发展的需求，尤其是随着目前被称作

“农二代”的出现，多元化需求更加显著。所谓“农二代”指出生在八十年代后期，户口在农村，但工作在城镇的一代人，虽然也是作为农民，但很多却因为进城或土地流转没有了土地，他们与父辈不同，赚钱后的目的不是回老家盖房子，很多可能是为了在城市找到更好的出路，进入城市发展的意愿强烈。

6.1.2.4 各主体行为目标之间的一致与冲突

中央政府通过多级委托的方式，将国家的任务目标层层代理给各级地方政府，并通过一些易于衡量的显性化业绩指标完成情况来进行考核，例如用 GDP 增长率、就业水平、财税收入、出口与利用外资情况、基础设施建设情况等。这些都与经济增长直接相连，因而经济增长便成了最主要的考量指标。

在谋求经济增长上，各主体有着一致的行为目标，但是在经济增长目标的实现上，各主体又有着冲突。在其目标出发点上，中央政府是以增加全社会福利水平为出发点，而地方政府则是以地方的经济增长来谋求其向上级的政绩显示，农民是以个人利益最大化。出发点不同，这也决定了各主体在进行具体行为决策时，决策动机与过程的分异，最终导致行为的差异。

6.1.3 各主体在农地保护中的行为特征

6.1.3.1 中央政府行为的矛盾化与调控不足

中央政府作为国家决策者，其任务是多元化的，因而农地保护作为其任务系统中的一个分支、一项基本国策，必然与其他任务之间有着关联与分异，这也是中央在农地保护中行为矛盾化的起因。

前面的分析中曾提到，土地农用不仅为人民大众提供基本生活所需的食物供应，为农业生产提供物质基础和生产资料，以其基础性作用促进国民经济的增长和发展，为农民提供生活和就业保障。同时，土地农用还具有生态保育、涵养水源、提供优美景观等外部收益，因此，保护农地是中央政府的理性选择。但是，农业对自然的依赖性较大、收益不确定性较强，尽管其重要性很强，但是总体收益低于非农业收益。

改革开放之前，贫困和人口增长的压力使得中央政府将快速经济增长置于较高的优先级，极力提高城市化水平，增加城市建设，提升第二、三产业在产业结构中的主导地位，保持经济稳定增长。一方面，通过大规模的毁林开荒、围湖造田来增加耕地面积，改造中低产田，保证粮食的自给自足；另一方面，也进行大规模的农地非农转用，促进地方经济发展。优先发展重工业的战略方针需要的土地资本投入都以行政划拨、无偿使用为主，降低工业企业发展的用地成本，对农民补偿很低甚至没有。但由于计划经济时期一切“统包统分”的安置，这一时期，由于城市化水平较低，城市扩张中占用农地的矛盾并不尖锐，并没有出现失地农民、威胁社会稳定的问题。

改革开放之后，随着市场机制的逐步建立，我国经济高速增长，国家也逐步推进土地资源的市场化配置。随着土地资源的市场价值得到显化，城市扩张建设占用农地的矛盾开始变得异常显化和尖锐，城市扩张征用农地导致大量失地农民问题的出现。中央政府必须决策城市建设用地需要与农业发展用地需要之间的平衡，一方面着力控制农地非农转用的规模，另一方面又得平衡城市经济建设发展的用地指标，二者的平衡稍有松懈，由于多级委托、层层代理任务执行的代理链较长，便会出现农地保护结果的较大偏离。为了实现农地保护的目标，中央政府通过制定各项制度和政策对农地保护的代理行为进行调控，具体如各种法律、法规和行政条例来进行管理、执法、监督和检查等。由于行为目标的多元化，其政策目标也表现出多元性，难免出现矛盾。例如，从宏观世界大局来看，世界范围内出现“粮荒”问题，我国微观层面也出现粮食产量下降，国家将粮食安全作为农地保护的最重要内容之一，而这是包含了国家政治目标在内的，而非地方政府和农民个人目标。限制农民的土地用途与农民通过参与工业化和城市化获得利益的愿望相悖，城市建设规划增加用地与保护耕地不减少之间的矛盾等。中央政府在制定农地保护政策时，必须合理平衡、化解矛盾。同时，面对全球变暖、自然灾害频发等生态环境问题，人多地少矛盾尖锐等，中央政府开始倡导“和谐发展理念”，但具体在农地保护上该如何进行调控却没有详细的措施。

此外，我国地域辽阔、各地自然条件、经济基础差别很大，改革开放之后，尤其是市场经济体制建立之后，中央政府在各个领域下放了一些权力，改变了过去中央集权过多的状况，将财权、事权适当下放。但是在耕地保护上，依然是全国统一的政策，在执行中也难免出现调控不力。

6.1.3.2 地方政府行为的短期化与“增长至上”

地方政府的角色及其行为目标使其在农地保护中的行为

较为复杂。

一方面，作为国家行政系统内的一级政府组织和区域性的制度供给主体，地方政府在农地保护中的行为具有强烈的行政导向性。它既需要向上负责完成中央政府下达的农地保护计划，又要向下推动农地保护任务的执行，负责保持区域内一定时期耕地总量的动态平衡，执行农地用途管制。具体职责包括土地利用总体规划中关于耕地保护计划的制订、修编，地方性农地保护政策法规、实施条例的制定。同时也履行着土地行政管理的职能，包括土地利用监测、地籍管理、用途管制，例如土地利用规划的实施管理、农地定级评估、农地转用审批等。

另一方面，地方政府是区域经济发展的推动主体，决定了它的行为具有很强的“经济人”属性，有着扩大建设用地、经营土地、促使农地转用的原始动力。农业的地位在地方经济发展中依然重要，但是无论是农业从业人数还是农业产值在经济发展中的比重都表现出持续下降的趋势，与之相应的是工业产值和第三产业比重的迅速上升，这不仅在快速城市化地区如此，在西部的一些地区也表现明显。而这一切，都与土地资源有着密切的内在联系。土地能从三个方面为政府带来收入：一是土地出让金收入；二是包括土地直接税和房地产开发相关间接税在内的税收收入；三是利用土地进行的融资，包括土地抵押贷款和土地收益权质押贷款。取得高额的土地出让金是最直接、最便利的增加收入的手段。由于目前我国土地供应属于典型的“双轨制”。很多公益用地、社会保障用地主要依靠划拨，划拨地价低，政府收益少；竞争性供地（招、拍、挂形式）价高者得地，地方政府因为采用此种方式的收入高，积极性便较高。而土地所有权的二元结构又使得任何非农土地使用者必须通过政府的许可才能获得土地使用，所有城市化和工业化用地（非农建设用地）都必须通过政府征用来转化，地方政府通过有偿征收农地，再将征收的农地通过无偿划拨、协议转让，或者“招、拍、挂”的方式转让给土地使用者。这种机制赋予地方政府在农地非农化市场上绝对的垄断力，成为一个要素市场和产品市场上的双边垄断者[206]。

对于地方政府来说，要实现经济增长目标和向上显示政绩，“以地生财”成为其理性选择，有着“增长至上”的行为取向。政府通常会将更多的划拨土地转为经营性供地，采用低价征用农地再转为商业用地，通过招拍挂的形式进行供应，以获取高额的土地出让金。由于政府垄断土地一级市场的供应，有的地区甚至由政府与房地产开发商共同制造“土地供应紧张”的假象，故意抬高地价，提高土地出让金，导致地价在房地产价格中的绝对数不断增大，客观上促进了住房价格的上涨，而房地产业发展又能对地方财税收入产生极大贡献。

同时，由于地方政府承担了较多的基础设施建设、社会保障等方面的事权，因而也具有扩大建设用地、过度扩张投资的倾向。近年来，地方政府投资重点逐步转向道路、交通、能源、通讯等生产性基础设施建设投资，并加大了招商引资活动的规模。为力争能够大量引进国内外、境内外资金，加快本地区的工业发展和经济增长，实现财政目标和利益目标，以实现政绩最大化，有的地区还推出零地价工业用地等优惠政策，通过扩大农地非农化规模来增加地方收入和地方融资规模供给规模的行为便成为地方政府弥补这方面的损失的一个有利方法。2001年5月国务院发出《关于加强国有土地资产管理的通知》（国发［2001］15号）中特别提到，“为增强政府对土地市场的调控能力，有条件的地方政府要对建设用地试行收购储备。市、县人民政府可划出部分土地收益用于收购土地，金融机构要依法提供信贷支持”。地方政府纷纷加大了土地的收储力度，将征用农民的集体土地纳入储备范围，新征用地取代城区存量建设用地成为入储的主要来源。土地储备中心在真正实施土地储备时，基本上是以征用集体土地为主，成为政府将土地“低进高出”、实现利益最大化的工具。

另外，由于地方政府管理者只关心自己任期内的增长业绩，主要领导职位较短的平均（预期）任期，使地方政府短期行为盛行，也造成了农地保护中只重数量目标，而不顾质量与环境长期影响的短期化政府行为。据调查，全国乡镇主要负责人（书记和乡镇长）的平均任期不足三年，市、县主要领导的平均任期也在三年左右[207]。因此，在招商引资过程中，地方政府不惜以国家和地方民众利益损失为代价，抬高优惠政策引入投资项目，这往往造成优质农地被占用。为完成上级的农地保护数量调控目标，整理和复垦位置偏远、土地条件差的土地作为补偿。并且引入一些高能耗、高污染的投资项目不仅造成农地、河流的污染，也对百姓的生活造成产生负的外部影响。

6.1.3.3 农民行为的被动化与激励不足

农民是耕地使用和经营的直接主体，其土地权益是否得到有效的维护，直接影响着耕地保护制度的实施成效。作为农地的直接使用者，农民的耕作行为会对农地的质量、生产能力产生直接的影响。造成农民对农地的投资下降，出现农地粗放式、掠夺式经营甚至抛荒现象的根本原因在于土地的不稳定和农地收益低。具体来说在于：①农地在农村集体内部的频繁调整。调地形式主要有两种：大调整和小调整。这两种典型的调地方式在农民眼里是有根本区别的。所谓大调整，简单地说就是“打乱重调”，即不管承包期是否到期，村委会根据社区内农户家庭人口变化或其他原由，由村委会将所有农户的承包地全部打乱重新分配。小调整则只是为新增加的人口增加划拨土地。由于土地不断地进行调整，农户耕作的地块就会时有变动，理性的农民就会减少对土地的长期投入，例如，减少一些农田基本建设和农家肥的投入[208]，施用一些能迅速增加产量的农药化肥，这种掠夺式生产方式会造成对土壤质量和生态环境的破坏。②预期城市开发会征用农地。尤其是在城市边缘地带，随着工业化、城市化的不断加速，农地有被征收转作非农用途的可能，因此理性的农民会选择减少土地投入。③非农就业机会的增多使非农收益高于农业收益。对于一些非农业收入高于农业收入的兼业农户来说，之所以“离乡不离土、进城不进厂”，是因为在社会保障体系尚不健全的情况下，农业收入作为其最稳定的收入来源，对他们来说依然有着很强的心理保障功能。

在农地非农转用的过程中，农民的直接影响较弱。“农村集体经济组织”作为农村土地的所有权人，理应是农地非农转用的供给者，但是，在中国很多农村地区，并不存在经济意义上的集体经济组织。农村集体经济组织与作为自治组织的村民委员会和作为政治组织的村党支部往往三位一体、干部交叉任职，在功能上有很大的重合，在实际运作上难以截然分开。因此，如果把农村集体经济组织、村民委员会或村党支部中的某个组织作为农地非农化供给的主体，都可能与现实不相一致。由于他们在利益上与社区成员相对一致，并非作为国家行政权力结构延伸、具有明显官僚行为特征的组织，在事实上是地区农地非农化的供给决策人，可以用“农民集体”概念来代表农村集体经济组织。在外部收益机会的吸引下，农民集体自发地将土地从农业生产中释放出来用于工业等非农开发，以增加集体收益[209]，由于我国现有法律禁止农民供给农地资源用于非农开发或生产，加之土地市场尚不健全，小产权房、隐性非法土地交易便是农村集体在高额利益诱导下违规转用农地的产物。总之，农民和代表农民利益的农民集体保持土地农用的积极性不足。

6.1.3.4　行为执行中的信息不对称

由于信息来源不同，信息传递渠道不完善，以及信息搜寻、处理、监督成本的存在，会造成信息不对称的产生。

从信息传递的渠道来看，中央政府与农民之间的信息沟通要经过地方政府层层传递，才能真正作用于或到达农民，这中间难免会出现信息的损失；而地方政府与中央政府之间也存在信息不对称，地方政府拥有信息优势，会封锁信息或向上级传递不完全信息（如图6-2）。以国家粮食直补款的发

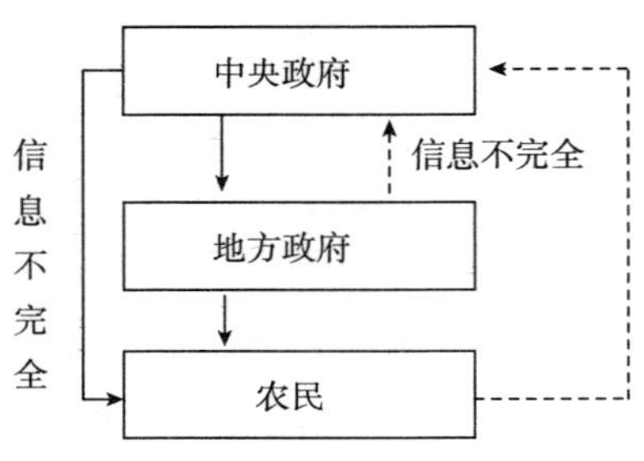

图 6-2　信息传递过程

放为例，中央将此项计划单列，转移支付给地方政府，地方政府在支出申报中则表示已经发放给农民，但事实上某些地区，农民并未得到甚至并不知道国家每年有此项政策扶持款项。

从所述中央政府、地方政府和农民各自的行为特征分析可以看出，中央政府与地方政府在行为目标上既有一致，又有分歧。地方经济是国民经济的生产单元，中央维持社会稳定也有利于地方经济增长，但二者进行农地保护的出发点、角度和目标不一样，也造成了行为上的矛盾和冲突。作为农地保护的委托人，中央政府主要是通过行政控制和计划管理来约束代理人的行为，因此，农地保护政策和目标执行的有效性除了有赖于计划的合理性，还有赖于现行行政体制的执行能力和地方政府的忠诚度。然而，中央要管理的地方机构过多，我国各地情况又相差过大，根本无法做到事无巨细亲自检查，而地方政府处于管理的最前沿，直接负责着地方农地征用、农地转用、农业政策的操作，更具有信息优势。为了自身的政绩和经济目标，地方政府会利用自己掌握的信息优势应对中央的控制，使实施结果更有利于自己一方，对上瞒报、漏报、错报农地保护情况。地方政府管理者可能利用权力寻租造成社会财富分配不公平，败坏社会风气，损害政府形象。加之，现行行政体系的四级信息传递，也会造成信息的层级损失。中央与地方政府信息不对称现象存在的后果便是，中央的一些土地政策目标常常会落空，而地方的土地政策目标通常可以实现。这也是我国耕地红线一再失守、农地转用规模不断超越计划控制规模的深层原因。

在农地保护中，地方政府和农地的直接使用者—农民之间也存在着信息的不对称。地方政府有着保护农地和促使农地转用的双重行为，农民对此则有珍惜农地和不珍惜农地两种反应。一旦政府决定保护农地，例如，发放种粮补贴、化肥补贴、取消农业税费等，鼓励农民保持农地，农民会有两种选择，一种是接受、珍惜和爱护农地，另一种是不珍惜农地，利用自身的信息优势骗取补贴，例如，在一些生态退耕地区，农民在获取了退耕补偿款、应付完政府检查后便又砍伐树苗、恢复耕作。在农地被征用转作非农用途时，失地的损失由农民承担，而转用的决策则由政府一手操控，一旦政府决定征地，农民也会有同样的两种选择，一种是接收，一种是反对，例如，当地方政府与土地开发商合谋，农民的权益受到侵害时，失地农民会上访、诉讼甚至发生群体性冲突事件，这在现实中屡见不鲜。但是由于政府是规则的控制者、行政控制人、执行人甚至监督执法人，农民并不能直接参与到交易当中，处于信息劣势地位，其讨价还价、进行反对的信息成本通常比较高昂。

中央政府与处于层级末端的农民之间，存在着过长的委托—代理信息链，因而农民与中央政府之间也会存在信息的不对称。这便是为何基层普遍反映中央的一些政策愿望是良好的，但在实施的过程中常常被扭曲，导致农民无法及时享受到这些政策的优惠。

6.2 关中地区农地保护入户调查分析

6.2.1 第一次调查（2009 年，杨凌区）

杨凌是中华农耕文明文明的发祥地，4000 多年前，农业始祖“后稷”在杨凌“教民稼穑、树艺五谷”，开创了中华农耕文明的先河。杨凌农业高新技术产业示范区成立于 1997 年，位于关中平原中部，是我国唯一的国家级农业高新技术产业示范区。由于区内分布着许多农业科研单位和著名大学，因此也被称作“农科城”。至 2013 年末，杨凌区有总人口 20.24 万人，面积 135 平方千米，实现生产总值人民币 84.71 亿元。城区面积 12 平方千米，耕地面积 9.4 万亩，下辖县级杨陵区、杨凌街道、五泉镇、李台乡、杨村乡和大寨乡。

根据陕西省各年度土地详查数据，至 2006 年，杨凌示范区的土地总面积为 9 411 公顷，其中农用地 6 156 公顷，占土地总面积的 65.4%；建设用地 2 795 公顷，占土地总面积的 29.7%；未利用地 459 公顷，占土地总面积的 4.9%。在土地利用类型中，农用地所占比重比较大。农用地中，耕地面积为 4 348 公顷，园地为 726 公顷，林地和牧草地分别为 408 公顷和 15 公顷。自杨凌示范区成立以来，经济水平、人口、居民生活方式等发生了巨大的变化。因此示范区的城市建设用地也在不断扩张，从1999—2006年，城市用地从729公顷迅速扩张到了1024公顷，耕地面积却从5411公顷下降到了4 348公顷，目前人均拥有耕地仅为0.03公顷[①]。2009年初，为了了解农地保护中各参与主体的农地保护真实意愿，为农地保护方法改进提供依据，项目组在关中地区的杨凌区为例，进行了不同主体的农地保护认知度与支付意愿调查。

6.2.1.1 调查设计

本次调查的目的是分类调查政府管理者、城市居民、农民对农地保护的认知程度与保护支付意愿。选取杨凌作为样本点，是因为它具有一定的典型性。杨凌区过去是一个小镇，人员构成主体是几所农业大学的和本地农民，示范区成立几年来，杨凌城市扩张非常之快，加上院校合并及国家给予农业大学的大力支持，使杨凌的发展迈上了一个新的台阶。尽管城市不大，但作为一个国家级农业科技示范区，有市、县、乡（镇）3级行政机构。杨凌区的人群构成多样，有受教育程度较高的院校科研人员、来自全国各地的学生、本地农民等。作为一个农科城，农业科技示范园、农业旅游等与农业相关活动发展蓬勃，这也意味着农地资源在杨凌的发展非常重要。同时，相关数据表明，杨凌区的城市面积在不断扩张，农业用地在不断减少。因而，本研究选择杨凌作为调查点进行。

① 相关数据来源于陕西省国土资源厅1997—2006年土地详查数据。

调查采用问卷方式，为了保证问卷的回收率和调查的有效性，在具体实施时采用一对一面谈方式。调查人员为土地专业在校研究生，经过一定培训，保证了调查人员拥有一定技巧及专业性。分为3组，分别对政府管理者、普通居民及分散于各乡的农民进行调查，每个面谈不少于20分钟。问卷的设计采用了主观性选择题和开放式问题，调查人员对被调查人员不做引导，只负责解释相关问题；对于开放式问题，听取被调查者的讲解并根据情况做适当深入跟踪。

本次调查样本总量为150份，按政府管理者、居民、农民每组各50份分配。150份问卷全部收回，有效问卷139份（回答完整），无效问卷10份（部分问答8份，问答前后出现矛盾2份）。其中，政府管理者为48份，农民44份，居民47份。

问卷的第一部分为农地及农地保护的认知程度选择性问题。①了解被调查人所拥有（对农民来说）或所能接触到的（对政府管理者和普通居民来说）农业土地的利用类型，不同类型农地在被调查者心中的评价，对农业在当地的重要性的认识；②了解对农地作用的认识，包括农地本身的产出效益及其所带来的外部效益的认识；③然后了解是否需要保护农地，引出对农地保护面临的威胁，对农地是否在减少、减少的原因和影响的认识，保护农地有何作用，保护农地该由谁来负责。问卷试图了解现有农地保护主体是否足以承担农地保护责任，因此设计了非营利农地保护组织的问题，了解政府管理者、居民、农民对其看法与认识。问卷的第二部分为农地保护的支付意愿调查，了解被调查者对农地保护是否愿意花费投入，投入的方式，以及金额。对于不愿意保护农地的，进一步了解原因。主要采用支付卡提问方式，给出许多价值区间。对于政府管理者的调查，添加了开放式问题，主要意图有：①了解其对农地保护目标的理解；②农地保护中执行政策的难点与问题；③尝试设计农地发展权，了解政府管理者对其理解及可行性的认识。由调查人讲解，并记录答案，并就有价值问题进一步引申提问。问卷第三部分为被调查人的基本信息，共同性问题包括年龄、性别、受教育程度、年收入。差别性问题有：对于农民，同时了解其土地情况，包括土地数量、土地质量、播种农产品；了解农业收入占其年总收入的比重，对农地收入的评价与预期，对土地被征用的预期。对于管理者和普通居民，了解其职业以及是否是本地居民。

问卷最后一部分为有效性检验，了解被调查人对调查的理解情况，回答是否出于自己真实意图未受别人影响。

6.2.1.2　调查设计结果分析

根据对问卷调查资料进行整理统计，结果分析如下：

1. 被调查主体概况

（1）农民

在回收的 44 份有效问卷中，被调查人年龄范围主要集中在 30～39 岁之间，其中男性占 65.9%，女性占 34.1%。75%是中学文化程度，分布于杨凌 3 个乡。被调查农民的年总经济收入基本都在 1 万元以下，1 万及以上的仅占不到 1%；收入构成中，全部来自农业收入的占 13.6%，4 成以下来自农业收入的占 70.4%。每户所拥有的农地面积很小

（在1～2亩之间），户均家庭成员有5人，留守家中的多数只是老人、妇女和儿童，青年基本上都在外出务工。

（2）政府部门管理者。在回收的44份有效问卷中，土地资源管理部门管理者（杨凌示范区国土资源局，杨凌区国土资源局）占10.4%，规划部门（杨凌示范区建设规划局，杨凌区规划管理局）占14.6%，法律部门（杨凌示范区政策研究所，城管执法局，区建设管理中心，杨凌区建设管理局）占10.4%，其他部门（农业局，李台乡政府，大寨乡政府、五泉镇政府、杨凌区发展和改革委员会、农经办、示范区发展和改革局）占64.6%。被调查者中，本地居民占89.6%，男女比例为11∶5，年龄大约在20～50岁之间，大专及以上学历者占64.58%。年经济收入大多集中在1万～2万元之间。

（3）居民。在47份有效问卷中，个体经营者占56%（其中大部分是土地被征用后的失地农民），高校工作人员和学生共占22.9%，其余为事业单位职工。其年龄构成为：20～29岁，36.2%；30～39岁，29.8%；40～49岁，19.1%；50岁以上占12.8%。收入构成为，年收入1万元以下的为61.7%，1万～2万元的为25.5%，2万元以上为9.05%。在调查中还了解到，这些个体经营者主要来源于在杨凌城市化中土地被征用的农民。

2. 不同主体对农地保护的认知

（1）对农地的利用形式与农业产业收益的认识。被调查农民的农业土地主要用于种植小麦，其次为大棚蔬菜、果园和苗木。具体比例为，种植小麦为65.9%，种植果园和蔬菜大棚的占了 22.7%，既种粮食又种果园和蔬菜的占 9.1%，仅有 2.28%的农民种植苗木。农民们认为其土地利用既受气候、质量和自然条件的影响，也受当地政府部门的影响，农地里种植什么是由当地相关部门规定的。反映其土地质量为优质的仅占 4.5%，土地质量差的有 54.5%，这些人普遍认为质量好的农地已被当地政府征用，限制了其种植的多样性。例如，杨凌李台乡五星村、疙瘩庙村的被调查农民反映其优质农地被 2004 年西宝高速公路建设所征用。这也影响到农民们对其土地收益的预期，50%被调查对象认为未来的农业收益会不稳定，认为会稳定的仅占 9%。而且还有 86%的农民认为自己目前的农业收益不稳定。尽管如此，农业产业对当地的重要性农民们却有较高的认同，79.6%的农民同意农业产业对当地的重要性，原因是它为自家提供了基本生活所需口粮；仅有 4.5%的农民认为不太重要，因为农业收入不足以提供全家生活所需。政府管理者们认为希望看到的农业用地形式依次为庄稼地、果园、蔬菜大棚，选择人次分别为 37 人次，34 人次，32 人次，经常在周围农业土地上购买农产品的有 20.8%，散步的有 33.3%，旅行的有 20.8%。对农业对本地的重要产业这一问题，27.08%的人非常同意这一观点，56.25%的人同意这一观点。被调查居民的农地第一意愿用途 61%为庄稼地，17%为果园，第二意愿 47%为蔬菜大棚，19%为果园，第三意愿 27%为庄稼地，26%为果园，13%为蔬菜大棚。由于土地被征用的失地农民占了调查人群中的很大部分，在思想上倾向于农地就应该种地。

从中可以看出，种植粮食作物是当地的主要农地利用形式，被调查者对农业的重要性有普遍的认同。征地占用了农民的优质农地。

（2）对农地产生的效益认识。从对农地作用的理解的调查中可以看出，无论是农民、政府管理者、居民都对农地的生产功能有很强的共识，对属于农地的外部效益，如净化空气、保持自然风景等有一定认识，相对来说，政府管理者和居民对农地存在所带来的外部效益评价更高些，81.25％的政府管理者认为本地农地存在的收益是大于农业经营本身的经济收益的，即农地的作用不止在经济效益上得以体现，还表现为农地的社会和生态效益。对于农地是否减缓城市开发的蔓延，居民的评价相对较高。农民们对农地的养老保障功能明显较政府管理者和居民更为重视。各主体对农地作用的具体认知度如表 6-1 所示。

表 6-1　不同主体对农地作用的认识

		农业生产（％）	净化空气（％）	保证粮食安全（％）	保护生物多样性（％）	保证社会稳定（％）	保持自然风景（％）	保持地下水质量（％）	养老保障（％）	减缓开发（％）	给子孙后代留生存空间（％）
农民	不重要	2.3	18.2	0.0	27.3	11.4	25.0	0.0	9.1	38.6	13.6
	有点重要	0.0	6.8	2.3	18.2	4.5	11.4	4.5	4.5	13.6	6.8
	重要	36.4	27.3	15.9	25.0	25.0	31.8	22.7	13.6	9.1	25.0
	非常重要	29.5	34.1	34.1	13.6	22.7	18.2	29.5	27.3	14.9	25.0
	最重要	3.2	13.6	47.7	15.9	36.4	13.6	43.2	45.5	22.7	29.5

（续）

		农业生产（%）	净化空气（%）	保证粮食安全（%）	保护生物多样性（%）	保证社会稳定（%）	保持自然风景（%）	保持地下水质量（%）	养老保障（%）	减缓开发（%）	给子孙后代留生存空间（%）
政府管理者	不重要	0.0	10.4	2.1	10.4	6.3	8.3	4.2	18.8	27.1	4.2
	有点重要	2.1	22.9	2.1	18.8	8.3	22.9	10.4	14.6	27.1	6.2
	重要	45.8	29.2	29.6	56.3	41.7	43.8	43.8	43.8	29.2	48.0
	非常重要	29.2	31.3	37.5	10.4	40.0	22.9	33.3	18.8	14.6	25.0
	最重要	22.9	6.3	18.8	4.2	4.2	2.1	8.3	4.2	2.1	16.7
居民	不重要	4.3	0.0	2.1	2.1	2.1	6.4	0.0	4.3	25.5	0.0
	有点重要	0.0	14.9	6.4	17.0	17.0	31.9	8.5	23.4	23.4	8.5
	重要	40.4	40.4	29.8	42.6	17.0	38.3	31.9	40.4	31.9	38.3
	非常重要	29.8	29.8	31.9	31.9	36.2	14.9	46.8	21.3	12.8	51.1
	最重要	25.5	14.9	29.8	6.4	27.7	8.5	12.8	10.6	6.4	2.1

（3）对农地保护的责任及其面临威胁的认识。多数被调查对象对农地保护的重要性都有清晰的认识，同时表示农地保护工作需要加强。被调查农民认为保护农地重要的比例占65.9%，需要加强农地保护的占20.5%。对于农地保护面临的挑战，农民的观点比较分散，有32人次认为主要来自于城市开发征用农地，12人次认为保护农地的成本太高，种田收益低为11人次，8人次认为缺乏政府的资金支持，土地管理法规不健全的为5人次，4人次觉得农地受到污染是农地保护的威胁，认为缺乏技术支持的为3人次，认为运

输条件不便的有 1 人次。农民中，认为农地减少会影响到本人承包期内的家庭生活的占 22.7%，认为会影响到子孙后代的占 31.8%，有 34.1%的农民认为既影响自己的生活也影响到子孙后代的生活，认为没有影响的仅占 11.4%。认为减少的农地被住宅替代的有 20 人次，被商业用地替代的有 17 人次，被交通用地替代的有 11 人次，这几项是替代农地的主要形式。同时，农民们还认为农地保护的责任主要在于政府，有 86.4%的农民赞同主要责任应由当地的区政府来承担。同时，许多农民还认为中央政府的政策是越来越好，更加有利于保护农民的根本利益，但在当地实施过程中，中央政策就发生了扭曲，当地区政府的责任最大，由于农民力量薄弱，不能与政府抗衡，在农地保护中发挥作用。例如，疙瘩庙村集体负责人就谈到政府征地补偿标准与发放到农民手中的实际数额相差过大，但层层上访至省级政府，最终无果而终。还有农民提到农业收入低，成本高使大量的农民外出务工，导致大量的土地撂荒，农地逐渐减少，是农地保护面临的另一个挑战。

几乎所有被调查政府管理者都认识到农地在减少。政府管理者中 62.5%的人认为农地减少会影响子孙后代的生活，20.83%的人认为农地减少影响的是居住环境，大多数人都选择了城市/住宅作为替代的土地利用形式，79.17%的人认为农地保护的责任在于政府，而最主要的责任还是大家共同努力来保护农地。对于农业是本地的重要产业这一问题，27.08%的人非常同意这一观点，56.25%的人同意这一观点，并且 64.58%的人认为保护本地的农业土地是重要的，

18.75%的人认为本地的农业土地需要加强保护，而当前农地保护面临的主要挑战是城市开发需要征用农用地、建设需要以及种田或者农业收入低，所以有87.50%认为杨凌区的农地在减少，并且62.5%人认为农地减少会影响子孙后代的生活，20.83%人认为农地减少影响的是居住环境，大多数人都选择了城市/住宅作为替代的土地利用形式，79.17%人认为农地保护的责任在于政府，而最主要的责任还是大家共同努力来保护农地。

居民中有68.1%的人认为保护农地非常重要。居民也普遍认为农地在减少，农地的减少最重要的是会影响到子孙后代的生活，其次是影响到自己的居住环境。认为减少的农地是被城市住宅和交通道路用地替代，还有人认为是用于旅游开发项目。被调查居民认为农地保护面临的主要挑战来自城市开发征用，78%的被调查居民选择此项，接下来依次为建设需要用地（42.5%）、农业收益低（19.1%）、缺少资金支持（17%）、缺少技术支持（12.8%）保护农地的成本高（10.6%）、土地管理法规（6.4%）。一些被调查居民谈到大量的农地被区政府征用，而开发建设和农地征用补偿款不能够及时、足额发放到居民手中是重要矛盾。

（4）对城市扩张的认识。在农民中，有29.5%的人非常同意本地能够尽快城市化，43.2%的人表示同意，认为一般的占18.2%，只有9.1%的人不同意。总体来看，农民们都希望城市化能够帮助自己提高生活水平，表示不同意的农民年龄集中在40～59岁之间，而且他们对当前的农村生活持满意态度。

在政府管理者中，表示非常赞成将本地城市化的政府管理者占管理者总数的 12.5%，同意的占 62.5%，不同意的仅占 12.5%，认为一般赞成的占 12.5%。而在居民中，25.5%的人表示非常赞同，53.2%的人表示赞同，不赞成的仅占 8.5%。

总体来看，被调查对象都对城市化的扩张表示赞同，表示赞同或非常赞同的人数占总人数的 75.5%。

概括以上分析结果，可以发现被调查对象对农地、农业、保护农地都有一定的理解和认识。除了农地的生产功能，对农地存在所带来的环境效益、生态效益、社会效益也有一定认识。大家都表示周围的农地在减少，减少的主要原因是城市扩张中的土地征用。普遍既希望保护农地，又希望城市扩张，并且普遍认为目前的农地保护工作还有待改进。

3. 不同主体对农地保护的支付意愿

本部分对农民、政府管理者、居民的农地保护支付意愿调查结果进行分析。在此部分调查中，还假设创立一个非营利的农业土地保护组织，了解不同主体对该组织设立的必要性和支付意愿。设想的该组织主要任务是通过国家、地方政府、民间的捐资，帮助农民开发农产品经营、农业旅游项目，保障农业的长期稳定发展，保护农业土壤、农地环境。

（1）农民的支付情况统计。在受访农民中，有 28 人愿意以出钱，捐物或义务劳动的方式为自家以外的保护农地出份力量，占农民总数的 63.6%；另有 16 人不愿意以上述方式为农地保护出力，占农民总数的 36.4%。不愿意出力的原因表述中，有 8 人（占 50%）表示自己的经济收入较低，家庭负担太重，没时间也无能力投入；有 10 人认为应由政府完全出资，而不是个人出资；5 人（31.3%）担心自己出的钱可能用不到农地保护上；有 1 人（6.3%）认为既是个人经济条件差，也是因为担心出的钱可能用不到农地保护上；有 1 人（6.3%）认为既应由政府出资，也担心出的钱用不到农地保护上；仅有 1 人认为与自己无关。在愿意保护农地的人群中也有相当一部分担心出的钱（20 人，71.4%）可能用不到农地保护上。在 28 个愿意为农地保护贡献力量的农民中，有 12 人次（占 42.9%）认为有必要成立一个非营利的农地保护组织，来保障农业的长期稳定的发展，保护农地，农地环境；另有 11 人次（占 39.3%）认为非常有必要建立这样的组织，合理保护农民的土地权益，让农民有真正的发言权。在农地保护支付方式的选择上，有 5 人次（17.9%）愿以现金的形式交给农地保护组织来对农地进行保护，1 人愿以现金形式捐给土地管理部门；16 人次（67.9%）愿以义务劳动的方式贡献力量；有 3 人次（10.7%）愿参加宣传；表示愿意贡献现金给农地保护组织，也愿意参加义务劳动贡献力量的有 1 人次（3.6%），有 2 人次表示愿通过参加宣传和义务劳动来贡献自己的力量。支付频率都选择以年支付。农民愿意投入的金额与天数如表 6-2 所示。

总体来看，愿意投入劳动的较多，这主要因为当地农民的经济条件有限，并没有多余的现金来保护农地，但他们愿意通过自己的劳动来保护农地。

表 6-2　农民的农地保护支付意愿统计

支付现金数额（元）	人次	支付劳动天数（天）	人次
0.5	1	1	1
1	—	2	—
3	—	3	2
4	—	4	2
5	3	5	3
10	—	6	2
20	—	7	—
40	—	8	
50	2	9	—
80	—	10	5
100	1	10～15	2
200	—	15～20	3
800	—	＞20	5
＞1 000	—		

（2）政府管理者的支付意愿情况统计。在对政府管理者的农地保护支付意愿调查中，有 43 人（占 89.6%）表示愿意为农地保护出一份力；有 5 人不愿意为农地保护贡献力量。在不愿意贡献的被调查人中，2 人（40%）表示顾虑为农地保护支付的费用可能用不到农地保护上，3 人（60%）认为农地保护的费用应由政府而不是个人出资。政府管理者中，有 54.2%人认为设立非营利的农地保护组织是有必要的，25%的人认为是十分必要的。

愿意帮助农地保护的人中，选择最多的方式是以现金的形式交付非营利农地保护组织，其次为参加宣传和义务劳动的形式。由此可见对于建立一个非营利的农业土地保护组织这一想法是有现实的意义的，其中为农地保护愿意支付现金的比例是 93％，对为农地保护支付的费用最多的是 1 000 元，最少的是 0.5 元，具体支付情况见表 6-3。大多数人选择的支付形式是一次性支付或者是每年支付。愿意选择宣传和义务劳动的有 3 人次，天数分别为 2 天 2 人次，和 3 天 1 人次，这些人也选择了现金支付。

表 6-3　政府管理者的支付意愿统计

支付费用（元）	人次	比例（％）	支付费用（元）	人次	比例（％）
0.5	1	2.3	100	11	25.6
1.0	1	2.3	150	1	2.3
5.0	4	9.3	200	5	11.6
10	5	11.6	300	1	2.3
20	4	9.3	500	1	2.3
30	1	2.3	600	1	2.3
50	5	11.6	1 000 及以上	2	4.6

（3）居民的支付意愿情况统计。在被调查人中，只有 1 人（2.1％）不愿意为农地保护出份力量，这 1 人为外出打工者，认为跟自己没关系。其余 46 人（97.9％）全部愿意为农地保护出份力量。但对于愿意以何种方式出份力量，愿以纳税的形式上缴国家统一支配的为 14 人次（30.4％）其次愿参加义务劳动的为 21 人次（45.6％），参加宣传的 3 人

次（6.5%），愿以现金形式贡献力量的仅有 3 人次（6.5%），既愿意参加义务劳动又愿意参加宣传的有 5 人次。对于创立农地保护组织的设想，认为非常必要的人占 53.2%，必要的占 38.3%，不必要的占 6.4%，表示不太清楚的占 2.1%。具体支付情况见 6-4。支付费用以年付为主。

表 6-4　居民对农地保护支付意愿情况统计

愿意支付费用（元）	人次	愿意支付劳动天数（天）	人次
20		1	3
50	1	2	16
100	1	3	3
500	1	5	1
		6	1

6.2.1.3　不同主体农地保护支付意愿的估算

1. 条件价值评估法（CVM）的介绍及其基本原理

条件价值评估法（CVM）是一种直接评估方法，其基本思路是假定存在着一个市场或者存在一种支付方式，你愿意支付多少钱来获得该商品，或者你希望得到什么样的补偿才愿意放弃对商品的消费。对前一个问题的回答可得到消费者或者潜在的消费者的支付意愿（Willingness to Pay，WTP），后者可获得接受补偿意愿（Willingness to Accept，WTA）。条件价值评估法一般用于评估非市场化物品，这种方法的特点是直接询问人们愿意为该物品支付多少货币量或愿意接受多少货币量以放弃该物品，而不是通过观察行为而获得结果。用这种方法可以测算大多数公共物品的价值。

CVM的经济学原理是：个人对各种市场商品具有消费偏好，其对市场商品的消费用X表示（可以自由选择），物品用Q表示（不受个人支配），个人的效用函数可以表示为：U（X，Q）。个人对市场商品的消费受其（可支配）收入Y和商品价格P的限制。在一定的收入限制下，个人力图达到效用最大化的消费：

$$\mathrm{Max}U(X, Q) \quad 其中，\sum P_i X_i \leqslant Y$$

受限的最优化产生一组常规需求函数：$X_i = D_i(P, Q, Y)$，$i=1, 2, 3, \cdots, n$，为市场商品的种类。

定义间接效用函数为：$V(P, Q, Y) = U[D(P, Q, Y), Q]$，在这里，效用为市场商品的价格和收入的函数，在这种情况下，也是物品的函数。

假定P，Y不变，某种物品或服务Q从Q_0到Q_1，相应地，个人的效用从$U_0 = V(P, Q_0, Y)$到$U_1 = V(P, Q_1, Y)$。

假设变化是一种改进，即$Q_1 \geqslant Q_0$，则：$U_1 = V(P, Q_1, Y) \geqslant U_0 = V(P, Q_0, Y)$。这种效用变化可以用间接效用函数来测量：$V(P, Q_1, Y-C) = V(P, Q_0, Y)$。式中的补偿变化C，即是当Q从$Q_0$变化到$Q_1$而效用在变化后与变化前保持不变时所要推导的个人所愿支付的金钱数量，即CVM调查试图引导的回答者个人的WTP。由于物品的公共物品特性，总的WTP（物品的总经济价值）由个人的WTP加总获得[210]。

用CVM估算WTP在美国等国家应用已经比较成熟，20世纪90年代末开始被引入我国研究领域，涉及到医疗卫生、森林资源、水资源等多个领域。对于农地资源的评估，近几年来也有相关应用研究，如，蔡银莺等（2007）[117]对武汉市农地资源以及居民对农地保护的非市场价值进行了估算，孙海兵（2006）[189]对农地的外部效益进行了研究。因此，建立在前人研究的基础之上，利用CVM方法对杨凌地区的农地资源保护的非市场价值进行研究，对西部地区农地保护的改进也有重要的实践和理论意义。

2. 不同主体的农地保护支付意愿评估

被调查主体对农地保护的方式，既有选择货币方式，也有选择义务劳动方式。在进行价值估算时，需要将选择义务劳动方式的按该地区日平均工资水平进行货币折算。其中，杨凌区农民的收入按农民年人均收入折算，政府管理者和居民的折算按杨凌区职工年平均工资折算。根据杨凌示范区统计局发布的《2007年杨凌示范区国民经济和社会发展统计公报》，2007年杨凌区职工平均工资水平为21 579元，日平均工资为59.6元；农村居民人均纯收入4 210元，折合日均劳动报酬为11.5元。根据条件估值的原则，即各主体愿意支付的价值不能大于其收入，因此，在数据处理过程中将年均支付愿意大于其家庭年收入10%以上的数据进行剔除。

根据前面的统计资料进行计算，杨凌区农民的农地保护平均支付意愿，按现金平均意愿支付30.7元，最大值为100元以上，最小值为0.5元；按天数平均意愿支付为10.8天，最大值为20天，最小值为1天。政府管理者按现金支付的平均支付意愿为95.15元，最大值1 000元，最小值0.5元；按天数的平均支付意愿为2.3天，最大值3天，最小值2天。居民的平均支付意愿为，按现金为216.7元，最大值为500元，最小值为50元；按天数平均为2.3天，最大值6天，最小值1天。

将样本扩张到整个研究区域，用平均支付意愿乘以人口数来估算农地保护的整体支付意愿。按2007年杨凌区统计公报，2007年杨凌区城镇人口7.44万人，农村人口8.58万人。计算公式[①]如下：

农地支付意愿总价值＝农户支付意愿总价值＋城市居民支付意愿总价值

农户支付意愿总价值＝农户平均年支付意愿×研究区域农户数量×农户平均支付率

市民支付意愿总价值＝市民平均年支付意愿×研究区域市民户数×市民平均支付率

农民的农地保护支付率为63.6％；将政府管理者和居民并入城镇人口测算，其支付意愿和支付率取二者平均值，则得出城镇人口的农地保护支付率为93.75％。则农民的农地保护支付意愿为8 452 707元，城镇居民的农地保护支付意愿为20 437 098.75元。则农地保护支付意愿总价值为2 888.98万元。总体来看，城市居民较农民有着更高的农地保护支付意愿。

并且从相关调查统计可以看出，无论是农民、政府管理者还是居民，影响其农地保护支付价值的很大一个因素是担心自己的贡献无法真正用到农地保护上来，并且大家都普遍表示出对建立农地保护组织的较高支持意愿。

① 蔡银莺．农地资源非市场价值研究，工作资料。

3. 有效性检验

所有的政府管理者和普通居民都认为自己的回答没有受到别人的影响，而有4%的农民认为自己的回答受到别人的影响，这是因为调查时有村干部陪同前往。

表 6-5 不同主体对农地问卷的意义的理解（%）

	有意义	有一些意义	意义不大	完全没意义
农民	86.4	9.1	4.5	0
普通居民	93.6	4.3	2.1	0
政府管理者	77.1	14.6	8.3	0

无论是农民，普通居民，还是政府管理者，大部分都能理解调查的意义（见表6-5），并且能独立做出选择，加上采用一对一访谈式，本身能够对被调查者对问卷不解的地方及时做出解答。综上所述，本调查还是有一些有效性和参考价值。

6.2.2 第二次调查（2011年，关中5市1区）

6.2.2.1 调查设计

2011年初，为了了解关中地区农民农地经营状况、农地保护重要性的认知及宅基地占有与闲置状况，项目组在关中地区的西安市、铜川、宝鸡、渭南、咸阳市和渭南区，进行了问卷调查，采用了58个村庄进行了入户调查，涉及调查 户数1 342户。调查采取分层、多阶段、整群概率比例的抽样方法。在涉及的53个村庄。在调查的62个村庄中，每个自然村平均人口为1 909人 ，最少为243人，最大为6 122人。

在调查的各个自然村中男女比例最小为0.6：1，最大为2.4：1，平均值为1.22：1。年龄大于15岁小于59岁，占全村比例最高。近5年全村耕地平均减少334.97亩，其中征地为316.21亩，人均耕地减少6.17亩。农民宅基地占用土地平均为每个村为111.75亩。

6.2.2.2　调查设计结果分析

1. 耕地减少情况（表6-6）

表6-6　耕地减少情况汇总表

	N	极小值	极大值	均值	标准差
全村耕地减少（亩）	48	0.00	3 276.00	334.972 9	709.558 19
a其中被征土地（亩）	43	0.00	3 055.00	316.209 3	733.633 49
b农民宅基地占用（亩）	48	0.00	1 003.00	111.756 3	182.984 34
人均耕地减少（亩）	44	0.00	255.00	6.170 9	38.387 95
现有失地农民（人）	38	0.00	4 470.00	487.631 6	1 075.171 27
有效的N（列表状态）	34				

村庄总面积平均每个村2 196.676 6亩，平均农业土地总面积2 301.745 8亩，耕地总面积2 085.075 5亩，抛荒的平均为66.359 0亩，闲置老宅平均33处（表6-7）。

表6-7　村庄面积汇总表

	N	极小值	极大值	均值	标准差
村庄总面积（亩）	47	35.00	9 200.00	2 196.676 6	2 410.271 51
农业土地总面积（亩）	48	0.00	8 616.00	2 301.745 8	1 792.881 49
耕地总面积（亩）	49	0.00	7 728.00	2 085.075 5	1 687.548 61
抛荒	39	0.00	470.00	66.359 0	119.558 06

（续）

	N	极小值	极大值	均值	标准差
庄基地总面积	48	0.00	2 000.00	301.243 8	373.446 56
建设用地总面积（亩）	43	0.00	2 991.00	178.069 8	491.523 90
工商用地总面积（亩）	37	0.00	880.00	98.635 1	207.202 35
闲置老宅（处）	44	0	310	33.07	59.470
有效的 N（列表状态）	29				

94%的村庄以粮食作物为主，4%的村庄从事养殖业，2%的村庄从事服务业。村庄的户均每年收入为 2.138 4 万元，户均每年支出 1.268 3 万元。受访农户收入来源中 5 成及以下来自于农业收入的占到了 68.6%（表 6-8）。由此看出，农业收入已不是农户家庭的主要收入来源。13%的受访农户家中近年来曾有耕地被征用，主要用于交通道路建设，其次用于城市建设和房地产项目开发。

耕地减少的原因中 30.3%来源于交通道路建设，32.4%来源于人口增加，20%来源于宅基地增加。9.2%来源于城市、住宅开发等。在对农地的认知受访农户中，28.3%的农民认为农用地的减少会影响到子孙后代的生活，14.8%的农民人为会影响到其居住环境，另外还有 27.7%的农民认为会影响到吃饭问题；也有 9.3%的农民人为没有影响，而 17.4%的农民认为这是一个复杂的问题、说不清楚。总体看来，农民对农地减少会影响到当代及后代人的生活有一定认识。对于农地是否除了具有农业收益，还有生态、环境收益问题，共有 61.4%的被调查人选择同意或非常同意，21.2%的被调查人选择中立，只有少数被调查人选择不同意或说不清楚。此外，80.7%的被调查人认为保护本村农地非常重要。

表 6-8　受访人收入中几成是来自于农业收入

		频率	百分比	有效百分比	累积百分比
有效	不到1成	113	8.4	8.7	8.7
	1成	86	6.4	6.6	15.3
	2成	189	14.1	14.5	29.8
	3成	247	18.4	19.0	48.8
	4成	138	10.3	10.6	59.4
	5成	148	11.0	11.4	70.8
	6成	86	6.4	6.6	77.4
	7成	65	4.8	5.0	82.4
	8成	56	4.2	4.3	86.7
	9成	78	5.8	6.0	92.7
	全部	95	7.1	7.3	100.0
	合计	1301	96.9	100.0	
缺失	系统	41	3.1		
	合计	1 342	100.0		

表 6-9　保护农地的认知

		频率	百分比	有效百分比	累积百分比
有效	居住环境	198	14.8	15.2	15.2
	吃饭紧张	372	27.7	28.5	43.7
	子孙生活艰难	380	28.3	29.1	72.8
	没有影响	122	9.1	9.3	82.1
	说不清	234	17.4	17.9	100.0
	合计	1 306	97.3	100.0	
缺失	系统	36	2.7		
	合计	1 342	100.0		

表 6-10　农地具有生态、环境收益

		频率	百分比	有效百分比	累积百分比
有效	非常同意	170	12.7	13.1	13.1
	同意	654	48.7	50.4	63.6
	一般	283	21.1	21.8	85.4
	不同意	60	4.5	4.7	90.1
	说不清	128	9.6	9.9	100.0
	合计	1 295	96.5	100.0	
缺失	系统	47	3.5		
	合计	1 342	100.0		

表 6-11　保护本村农业的重要程度

		频率	百分比	有效百分比	累积百分比
有效	不重要	18	1.4	1.4	1.4
	一般	168	12.5	12.7	14.1
	重要	1 082	80.7	81.7	95.7
	不清楚	56	4.2	4.3	100.0
	合计	1 324	98.8	100.0	
缺失	系统	18	1.2		
	合计	1 342	100.0		

由此可以看出，农民对于保护农地及农地减少对当代及后代人有一定影响具有一定的认识。

3. 宅基地拥有及闲置状况

在所调查的农户中，家中拥有 2 处及以上宅基地的占到了 14.2%。农民的宅基地 24.4%来源于村集体免费划拨，25.2%来自于有偿划拨，2.7%来自于购买本村村民的宅基地，5.7%来自于在承包的土地上修建，少部分来源于村集体出售。宅基地来源34.1%来源于祖上留下，3.7%来源于村集体出售（表6-12）。

表6-12　宅基地来源汇总表

		频率	百分比	有效百分比	累积百分比
有效	村集体免费划拨	327	24.4	25.8	25.8
	村集体有偿划拨	319	23.8	25.2	51.0
	购买本村村民的	35	2.6	2.7	53.6
	在承包地上修建	72	5.4	5.7	59.3
	祖上留下的	433	32.3	34.1	93.5
	村集体出售	50	3.7	3.9	97.4
	其他	34	2.5	2.6	100.0
	合计	1 270	94.7	100.0	
缺失	系统	71	5.3		
	合计	1 342	100.0		

随后，在对现有住房周边的环境的调查中，38.4%认为环境卫生太差，35.2%认为公共设施不足，22.1%无水泥路。49.1%希望建房靠近城镇，28.9%的人希望靠近公路，16.6%希望靠近自家耕地。对于闲置住房会如何处理，50.6%的农民选择让闲置住房空着，有15.9%选择出租，另有10.8%无偿借给别人居住。

通过分析调查结果可以看出，农村中存在宅基地闲置状况，对于如何处置闲置宅基地，多数农民选择闲置，也有部分将宅基地无偿借给亲戚或本村村民无偿居住；由于区位、房屋状况等因素影响，仅有少数农户将房屋出租。而且被调查农民对于目前的居住环境，对基础设施、环境卫生持不满意态度，而在建造住房时，交通便利、靠近公路或城镇是影响其选择的主要因素。整个关中地区大量存在建新不拆旧、宅基地面积超标和“一户多宅”、宅基地闲置和荒废的现象相当普遍，这部分存量土地如果能通过有效的市场推出机制、引导农民集中居住、进行土地整理，在土地资源供应极其紧张的情况下无疑是一部分可观的贡献。

6.2.3　第三次调查（2012年，关中5市1区）

6.2.3.1　调查设计

随着关中—天水经济区的实施、西咸新区的建设，关中城镇化的发展水平在近几年极大地加速，城市扩张与农地保护的矛盾更加凸显。一方面，农村人口的大量流出造成村庄大量“空心化”，进而导致的农地抛荒、闲置浪费现象日益凸现；另一方面，“人减地不减”、农民“退而不出”现象依然存在，农村居民点无序扩张、占用耕地现象严重，加剧了农村经营性土地的进一步细碎化，阻碍农业产业化水平和农民收入水平提高，也造成了更多的人地矛盾。在此过程中，也将有更多的农民成为“新市民”，其土地退出也势在必行。

为了探索切实可行的健全的农民土地退出机制，项目组于2012年初在陕西省的关中、陕南、陕北开展了第三次调查。本次调研在关中地区发放问卷400份（西安、宝鸡、咸阳、铜川），剔除无效问卷后，关中地区共收回问卷291份（表6-13）。

表 6-13　调查问卷发放及数量统计

地市	县（镇）名	调查样本数	有效样本数
西安	灞桥区	30	17
	蓝田区	30	24
	长安区	50	46
	周至区	20	12
	未央区	10	6
宝鸡	陈仓区	20	11
	千阳县	10	6
	岐山县	50	46
咸阳	北杜镇	50	37
	秦都区	20	12
	旬邑县	10	2
渭南	潼关县	20	16
	蒲城县	20	14
	富平县	10	4
杨凌	杨凌区	20	20
铜川	新区	30	18
总计		400	291

根据前人相关研究总结发现，农户个人情况、家庭非农收入比例、区位条件、宅基地禀赋等因素会对农户受偿意愿产生影响。本研究除了在综合考虑以上诸多影响因素的同时，将农村宅基地建造成本也作为重要因素考虑在内，在问卷设计时得以体现。调查问卷的设计主要围绕以下几个方面进行：征询受访农户的个人及家庭、收入、其他生产兼业情况、宅基地使用情况、受访农户宅基地区位和禀赋情况，征

询农户若退出宅基地所愿意接受的期望受偿数额。问卷共有37个问题，涉及15个变量（其中14个自变量，1个因变量）。

6.2.3.2　调查结果分析

在本次问卷调查中：男性被调查者人数为179人，占受访总人数的61.5%，女性被调查者人数为112人，占受访总人数的38.5%；平均受访农户家庭农业收入年收入26 993.1元；人均拥有耕地0.019亩；家庭农业收入的比例平均只占到13%，受访农户平均每户常住人口数为2.77人；拥有2处及以上宅基地数量的农户占到了26.5%，户均宅基地为1.25处，宅基地占地在0.26～4亩之间，户均宅基地占地0.76亩，房屋面积普遍在150平方米以上，房屋平均建造成本91 975.31元，平均建造年龄12.07年。

经统计，受访农户中没有农业收入的有36份，占样本量的12.4%，农户农业收入占家庭总收入平均为30%。农业收入占家庭收入的比例主要集中在一成到五成之间，这部分的样本数达到210份，占样本总量的72.16%。

表6-14　受访农户家庭收入结构调查表

农业收入/家庭收入	额数	百分比	累计百分比
0	36	12.37	12.37
≤0.1	57	19.59	31.96
(0.1　0.3]	79	27.15	59.11
(0.3　0.5]	80	27.49	86.60
(0.5　0.8]	30	10.31	96.91
>0.8	9	3.09	100.00
合计	291	100.00	

受访者当前从事工作的主要方式是“半工半农”和“城市务工”，样本个数分别是111个和126个，占样本量的38.14%和43.29%。经统计，受访农户共有373处宅基地，平均每户1.25处宅基地，受访农户中拥有宅基地最多为5处，拥有2～5处宅基地的占有效样本比重达到26.46%。有156户农户宅基地拥有产权证、8户农户只拥有部分宅基地的产权证、127户农户没有产权证，各占样本总量的53.61%、2.74%、43.64%。关于房屋建筑面积的调查中，受访农户房屋的建筑面积主要在150平方米以上，占到了所调查有效样本中的50.69%，房屋建筑面积在100～150平方米之间占到31.60%。按《陕西省实施〈中华人民共和国土地管理法〉办法》第三十三条第一款的规定：农村村民每户只能有一处宅基地，城市郊区每户不超过133平方米；川地、塬地每户不超过200平方米；山地、丘陵地每户不超过267平方米。但是长期以来农村宅基地的使用和建造缺乏监管，促使一些农户超标建房、未经管理部门擅自侵占耕地建房、继承新房子也不放弃老宅子，“一户多宅”现象的存在会导致人均宅基地超标。所建造 房屋其中选择“全部自住”的农户有148户，占样本比重的50.86%，选择“有闲置”的农户有77户，选择出租的又77户，共占样本比重的46.39%。当询问对现有住房是否满意时，有158户选择“满意”和非常满意，99户选择“一般”，这两部分各占总样本比重的54.29%和34.02%。该部分主要征询了农户是否有搬往城镇居住的打算，经统计，有214户选择“否”，有77户选择“是”。经统计，最低期望受偿价格为430元/

平方米，最高期望受偿价格为 8 000 元/平方米，平均期望受偿价格为 1 405.06 元/平方米。农户期望受偿价格多集中在 600～1 500 元/平方米之间，该部分的样本数为 231 个，占样本量的 79.38 %。

农户愿意退出宅基地的方式有，选择货币补偿的有 59 户，占到 20.27%；选择以城镇规定面积的安置房作为补偿的有 111 户，占到 38.14%；选择少量钞票补偿外加在临近城镇安排合适的就业的有 51 户，占到 17.18%；选择自由买卖的有 34 户，占到 11.68%；选择可以抵押贷款的有 16 户，占到 5.50%；选择出租养老的有 18 户；也有少量选择了多个选项，如选择安排安置房加上可以自由出租的有 1 户，选择可自由出租并可抵押贷款的 1 户。对于不愿意退出宅基地大部分农户选择“补偿标准过低”，其次选择“补偿方式单一”，也有很少量选择“补偿标准划分不合理”。因此，现存宅基地补偿问题中，补偿标准过低成为最为迫切需要解决的问题。

在对农户是否愿意退出承包地的调查中，有 137 户选择愿意，占到总体样本的 47.08%；154 户选择不愿意，占到总体样本的 52.92%。愿意退出承包地的人中，主要原因是认为种地成本太高、不挣钱或者家中劳力不够，所以无法耕种，选择退出；其次，是由于在城市有稳定工作或者子女在城镇上学，所以搬迁至城镇居住；还有很少部分认为土地流转价格和收益更高。农民愿意选择的退出所经营的承包地的方式主要是有偿转包、将土地流转给公司经营，占到有效样本的 52.55%；其次是土地征用，再次为入股经营、抵押经营或无偿让亲朋耕种。

由调查分析结果可以看出，影响农户宅基地期望受偿价格（WTA）的因素分为：个人特征、家庭特征、区位因素、宅基地禀赋和未来居住意愿。其中以务农为主的农户对农业收入依赖程度最高，宅基地退出意愿也是最弱的，退出意愿依次增强的兼业方式是养殖为主、半工半农、进城务工，所以期望受偿价格也是务农为主农户制定的最高，养殖为主、半工半农、进城务工的农户制定的依次降低。相比偏远地域农村的农户，城市周边农村的农户在制定期望受偿价格时就会更高一些，高出的部分用来弥补退出宅基地的机会成本。农户对居住环境不满意，则宅基地退出的意愿相对强烈，农户对宅基地退出的响应政策则会较为积极，那么农户在宅基地退出时会将宅基地退出的期望受偿价格制定的相对低一些。拥有完整的宅基地产权证的农户就会制定较高的期望受偿价格，建造成本越高，农户期望的受偿价格就会越高，因为农户希望宅基地退出补偿能够弥补其部分的房屋建造成本。当农户搬往城镇居住的意愿越强烈，其退出宅基地的意愿越强烈，那么其制定期望受偿价格就会相对较低。而对于承包经营的土地，在访谈中我们也发现农民不愿意退出的主要原因是担心失去生活的最后保障；从土地流转中获得的收益较好，而且还能保留土地的财产性收入；也有一部分是因为作为传统农民，其对土地有着很深厚的情感，还留存有“叶落归根”的传统思想，因此离不开土地；也有的是由于补偿不够合理。

本章小结

本章目的在于对影响农地保护相关政策的执行体系进行分析。运用委托代理理论，对我国农地保护的相关参与主体“中央政府、地方政府、农民”之间的行为目标及行为特征进行了分析。分析表明，中央政府、地方政府、农民之间的目标既存在一致又存在冲突。中央政府是农地保护的主体，但存在行为矛盾化与调控不足；地方政府有转用农地、以地生财的行为取向，具有行为短期化与“增长至上”的特征；农民在农地保护中行为被动，保护的激励不足。以关中的杨凌区为例，对不同主体对农地保护的认知度及支付意愿进行了实证调查，并以条件估值法（CVM）对不同主体的支付意愿（WTP）进行了评估，并提出建立非营利农地保护组织的假设。调查发现各主体对农地、农业、保护农地都有一定的理解和认识。除了农地的生产功能，对农地存在所带来的环境效益、生态效益、社会效益也有一定认识。普遍表示周围的农地在减少，减少的主要原因是城市扩张中的土地征用。既希望保护农地，又希望城市扩张，并且普遍认为目前的农地保护工作还有待改进。农民认为自己对农地保护负有责任，其次是政府；当地政府管理者主要认为是大家共同的责任，其次是中央政府和省政府；居民们认为主要责任在区政府。城市居民（包括政府管理者和居民）对农地保护的支付意愿要高于农民。被调查对象普遍担心其投入不能被政府正确应用到农地保护上是影响各主体农地保护支付意愿的重要因素之一，所有相关主体对非营利农地保护组织表现出较高的支持率。杨凌区农地保护的非市场总价值为2 888.98万元。

在关中地区随后的2次调查中，对城镇化进一步扩张过程中，关中地区农民农地经营状况、农地保护重要性的认知及宅基地占有与闲置状况、农民对于土地退出的意愿和方式进行了调查。发现农村中存在宅基地闲置状况，对于如何处置闲置宅基地，多数农民仍选择闲置，也有部分将宅基地借给亲戚或本村村民无偿居住；由于区位、房屋状况等因素影响，仅有少数农户将房屋出租。被调查农民对于目前的居住环境、对基础设施、环境卫生持不满意态度，而在建造住房时，交通便利、靠近公路或城镇是影响其选择的主要因素。整个关中地区存在建新不拆旧、宅基地面积超标和“一户多宅”、宅基地闲置和荒废的现象相当普遍，这部分存量土地如果能通过有效的市场退出机制、引导农民集中居住、进行土地整理，在土地资源供应极其紧张的情况下无疑是一分可观的贡献。

第7章　关中地区城市扩张与农地保护的双赢策略

本章借鉴国外农地保护的宝贵经验，结合前面对我国农地保护目标控制、规划、征用、管制中存在不足的分析，以及在关中地区所进行的具体调研分析结果，从制度层面、组织层面和技术层面寻求对关中地区如何实现城市扩张与农地保护的双赢策略提出思路。

7.1　创新制度调控体系

7.1.1　农地保护的目标设计

7.1.1.1　“数量+质量+生态”三位一体

农地保护除了农业生产效益本身，还具有环境和生态等外部效益。前文实证研究也表明，农地保护的各参与主体对农地保护非市场价值有一定认识和支付意愿。从长远来看，仅仅孤立地提数量保护，或是质量保护，都是不完全的，而应是数量、质量与生态的综合保护。在数量上，不单指耕地数量的不减少，根据关中地区的资源状况，在城市扩张的过程中，依然要实施严格的耕地保护政策，将保证粮食安全作为关中地区农地保护首要目标毋庸置疑，但适应经济高速发展、城市加速扩张，人民生活水平的提高，农地保护不应单纯考虑耕地保有量指标，而应将耕地以外的农业用地和生态用地保护对环境的保持和改善，农业经济发展和收入的稳定，城市的有序和合理扩张，人们生活质量的改善等纳入农地保护目标，综合体现农地保护所产生的经济、生态和社会效益。在可持续发展的目标导引下，政策的改进和方法创新才能更加有效。

从我国总体分析来看，目前的农地保护政策、制度及相关法规在数量目标控制的设计上，表现出较多的关注。对于保证耕地和基本农田“数量上不减少”，国务院利用层层分解下达任务指标的方式，进行明确的控制。尽管对农地保护的质量目标也开始关注，但显然在策略的配合上还尚显不足，对于如何保证“质量上不降低”，相关法规没有详细的标准。对农地保护所带来的环境和生态效益价值关注不够。本研究表明，城市建设占用造成的优质农地的减少不仅是造成我国农地数量下降的原因，更是导致农地质量不断下降的主要原因，但从现有政策和方法的分析上可以看出，我国的农地保护目标在设计上对此估计不足，甚至一些政策的设计出现彼此目标的矛盾。“知易行难”的局面尚未改变。因此，我国迫切需要统筹审视农地保护相关政策的总体目标把握，将数量、质量与环境目标相互融合和渗透其中。

7.1.1.2　城市理性增长理念与农地保护目标的融合

国际城市发展的经验告诉我们，在一个高速发展的国家或地区，城市发展是不可避免的。未来关中地区将有更多的人口进入城市，这些增加人口所需的居住、就业、交通需求，商业、工业、零售业、住房、城市基础设施都需要建筑空间来支持。满足城市建设面积扩张需求无非通过三种方式进行：一是扩大城市边界，二是城市以外地区的新城区发展，三是建成区的再发展[214]。当通过城市建筑密度提升、城市再发展所能增加的建筑空间不能满足城市发展需要时，城市便会不可避免地扩大边界，或者在城市以外建设新城。本研究分析表明，城市扩张是农地保护面临的最大威胁，尤其是优质农地资源极其珍贵，一旦转为建设用地便不再可逆，对子孙后代的生活也会造成极大影响。因此，不仅城市建设增长应将城市理性增长理念引入城市发展规划当中，并且应将农地保护融入其目标设计当中。

7.1.2 农地保护调控方法

7.1.2.1 在农地分级评分系统中纳入“三位一体”目标

美国的经验告诉我们，标准越细化、容易定量化，才能有效地约束行为主体的行为、使制度的实施更简单和高效。关中地区可以通过技术、标准和信息公开几个方面进行改进，建立明晰的农用地分级评分、农用地的分等定级、基本农田保护档案工作。

1. 数字化技术手段的应用

充分利用地理信息系统和遥感技术、数字地图等现代技术手段，为农地的分级评分系统建立技术平台。通过这些数字化手段，一方面简化了一些实施程序，提高规划实施的效率，另一方面可以实现对规划实施情况的动态监控与跟踪管理，为规划的执行与检查提供依据。

2. 质量、生态标准的纳入

首先，在制定分级标准时，除了根据国家土壤详查数据按土壤从最适宜到最不适宜的用途和质量等级分类，如耕地、林地或牧地。其次，按非土壤因素，如土地的位置、土地在农业发展中的重要性、面临的城市开发压力、公共价值等给出评价，根据农地的环境效益重要性、生态效益重要性，可否被城市开发或成为城市开发的缓冲区，即哪些必须永久保护，哪些在必须增加建设用地指标时可以被开发等等，按不同用途农地及其重要性制定优先级评价。应学习美国的分级评分法，为关中地区基本农田保护区建立基本农田和非基本农田、优质农地和一般农地、未利用农地的界定标准，用明晰的分级分类评分标准建立量化的、明晰的标准评分与档案。根据评分结果来判定什么质量等级或重要性等级的农地需要保护，也为以后各项激励和约束政策应用建立标准，以便在农地占用补偿、农地转用时，都有明确的可量化标准，为政府农地保护政策实施提供标准化操作流程。

美国的农地分级评分系统，有 LESA（立地评价法）、SCS（土壤委员会的土地适宜性分类）、STR（斯托里指数）等不同的指标体系。这些体系对农地的数量、质量、生态价值制订了一套严格的标准。例如，美国划定的优质农地是指单一或相连地块面积超过 20 英亩，在确定时一直未开发除农业以外的其他用途的土地，并在质量上要达到如下任一标准：土地质量等级达到土壤保护委员会的土地适宜性分类的Ⅰ级或Ⅱ级；或达到斯托里指数等级分 80～100 分之间；承载牲畜并且具有相当于一年一英亩一头牲畜的承载力；种植水果或干果、藤木、灌木或作物，其非栽果期少于 5 年，其年毛产值不低于每英亩 200 美元；能取得平均 200 美元的未加工的植物性产品的年毛收入。在上述两个不同的土地质量评价系统当中，土壤保护委员会（SCS）的系统有 12 个分级项目：有效土壤深度、表层结构、渗透性、排水、有效水量、坡度、侵蚀灾害、洪涝灾害、盐度、碱性、有毒物质及无霜期。每一种土壤分 8 个级别。斯托里指数法是基于 4 项与 SCS 系统相对应的因素打分相乘而得到质量等级分。因素 A 与 SCS 中的第一级类似，主要取决于土壤颗粒的致密性，表土层深度。因素 B 得分根据土壤表面结构：黏、砂、砾。因素 C 的等级分是根据土地的坡度：平整（坡度 0～2°）、陡峻（坡度≥45°）。因素 D 是 SCS 系统的一些项目的综合，如排水、碱性、营养水平、酸性、侵蚀灾害、微地貌等[215]。这种细致的评分标准给我国农地分级评分系统的完善提供了一定的启示。

3. 信息的公开

信息公开不仅可以为制度的执行建立通畅的渠道，也有利于公众的参与监督。因此，在良好的技术支撑上，用严格的标准评定对农地进行详细的分级，最后便需要建立农地信息的及时公开体系，保证保护对象的公开、明确。

7.1.2.2　土地利用规划

土地利用规划是对一定区域内土地利用超前性的计划和安排，是依据区域经济发展和土地的自然历史特性在时空上对土地资源进行分配和合理组织[216]。采用土地用途分区管制是许多国家调控土地利用的主要手段。例如，美国就将农业保护分区规划、集聚区规划和城市增长边界管理共同使用，用来保护农地资源。在邻近农业区，房屋建筑的密度、城市设施扩张的范围等都有清晰而量化的标准，所有土地利用必须以遵循规划为前提，规划也具有较高的法律地位。

对于我国实践中，存在的城市建设规划和土地利用规划中农地保护目标相分离的现象，城市盲目扩张一再侵占农地资源，规划指标一再被突破的问题，应从以下几个方面进行改进。

首先，应解决规划的协调问题。土地利用总体规划究竟是应该围绕城市的总体建设进行规划，还是应该突出农地保护做规划，依据我国的现实情况应该以后者为主，但实际中往往存在以土地利用专项规划而调整土地利用总体规划的情况，这也反映了规划的科学性和权威性还不够。前文的实证研究结果表明，居民们对农地保护有着较高的认知与支付意愿，但同时也希望能通过城市化建设来提高地区和个人的经济水平。这也从另一个侧面反映了推进城市化战略的必要性；另一方面，在城市高速扩张时期，需要改变以追求建设“规模”与“速度”为主的城市发展模式，以“城市健康”和“理性增长”理论为指导理念，进行城市建设总体规划的制定，将农地保护作为城市增长管理的原则之一，对邻近农业区的城市增长边界做出明确规划，积极改变我国的城市建设规划与土地利用规划中农地保护目标相分离、甚至相矛盾的弊病，实现城市的紧凑、理性增长，追求土地资源利用的理性，以及以提升居民生活质量为媒介的健康型城市发展[217]。突出对存量土地进行盘活、挖潜改造，城市的增长通过优化土地利用格局、提升居民生活品质来达到促进城市健康增长的目的，避免城市规划只追求城市的增长而不顾农地资源的保护。

其次，依然是解决规划编制的技术问题。规划指标不断被突破、甚至规划只是“纸上画、墙上挂”的现象，也与规划的前瞻性、实用性有关。要提高规划编制的科学性和可操作性，必须通过动态的土地利用监测，掌握精准、真实的基础数据。规划的编制应将定量指标与定性分析指标良好结合，宏观与微观相结合，单纯强调指标或者单纯定性分析，都是不科学的。

7.1.2.3 政府参与方式的规制

政府管理者的自由裁量权和政府所从事的职责的特殊性决定了政府管理者行为在农地保护中的关键性。如何限制政府管理者的随意处置权成为合法伤害的可能性，无疑是非常关键的。因此，行政治理的核心在于治理管理者。首先需要对政府管理者的政绩考核体系进行改革，改变其行为的短期化特征，减少地方政府从农地非农化中获得的政治收益，在原有的国民生产总值及其增长率、人均收入及其增长率等考核指标之外，再增加城市健康、理性增长，环境保护，农地损失、农民增收、农村土地合理利用等指标体系，使考核指标既能反映短期经济增长情况，又考虑到长期经济发展情况以及与社会发展之间的协调程度。在完善考核指标的同时，更重要在于改革考核方法，即把主要由上级考核的方法，转变为上下考核相结合的方法，扩大人民群众在干部考核中的作用。只有这样，才能使地方政府更多地为本地居民增加福利[218]，从本地实际出发，以城乡土地的合理利用为目标进行城市扩张。其次，对管理者进行教育，使其建立科学的政绩观，既关注农地非农化对经济短期增长的影响，又关心其对经济长期发展的影响，对社会、生态环境的影响；既关注农地非农化对城市发展的作用，又关心其对农村发展的影响。如果各级政府管理者都能树立科学的发展观和正确的政绩观，那么中央政府与地方政府在农地非农化中的博弈将大大减少。

对于委托—代理关系中的信息不对称所带来的逆向选择、道德风险和寻租行为，可以通过降低信息获取成本和引入第三方力量监管来解决。在我国，政府参与农地利用的主要方式有农地征用和储备，农地用途转用行政审批。首先，政府可以通过健全政务公开制度来均衡信息的分布，保证信息的公开、透明。比如，对征地、储备的目的、程序和交易过程及交易结果、土地补偿、土地收益的管理使用等信息，只要不涉及国家机密和安全，便可以对社会公众进行及时公布。这些信息的公开，将有助于约束征地目的和用途过于宽泛，征地程序不规范，征地增值收益分配和使用不合理的情况，有效地防止地方政府与中央政府之间不合作博弈现象。同时，需要第三方非营利组织的参与，改变土地征用中政府对土地转让一级市场的参与和行政执行的不透明，以及农民没有参与权的做法。

7.1.2.4　法制保证

通过立法来保证土地利用规划的实施管理是国际上通行的、基本的方法。例如，美国的土地用途分区、集聚区规划、增长管理法等，都通过警察力量来保证实施，所有的土地利用都必须遵循土地利用规划法律。在我国社会主义市场经济体制初步建立并逐步完善的过程中，规划的实施管理更需要由行政向法制的过程转变。我国土地利用规划立法还未达到相对独立、完整的状态，现行法律法规中对规划实施管理的条款还不够全面、深入，现有法规多是针对土地利用总体规划制定的，关于其他层次规划的法规比较缺乏，使得有些规划“无法可依”。在技术规范方面，除了县级土地利用总体规划、开发整理规划之外，缺乏其他层次规划的技术规范。目前的法规内容过粗，法律责任、管理手段不明确，技术规定不细，操作性不强。已有土地管理法、农业法、城市规划法、房地产管理法等相关法律，关键的是如何将这些法律协调配合，为农地保护建立良好的法制环境，使用途管理落到实处。这当中，规划应该发挥“龙头”作用，其法律地位和权威性应有所提升。

规划一旦建立，便应具有法律效力和权威性。用立法来保证规划的编制、实施、管理，以及规划的公示、公众参与与监督环节。将实施机构、管理程序、实施效果评价、监督管理、规划调整、违反规划的强制措施等具体规定也纳入法规之内来保证各级规划的落实，并严格执法力度。除此之外，我国也应考虑建立增长管理法、耕地保护法、用途管制法等与规划相关的法律。

另外，要解决我国现有征地方式中存在的征地程序与范围界定过宽等问题，首先应通过立法来严格界定政府公共利益的范围，对征地目的进行明晰的规定。其次，用立法来保证政府土地征用程序的合法，将其行为限定在法律程序可操作的范围内，减少政府征地的自由裁量权。同时，还应保证征地、用途审批过程的公开。

7.1.2.5　公众参与机制的建立

在美国所有的农地保护方法中，公众参与是一个重要的特点。无论是农业发展方案、规划方案的制定、执行还是购买农业保持权项目，其过程都要经过公众投票与认可的环节。州政府会定期举行一系列有关农业产业发展的听证会，对所有公众开放，公众可以通过电子邮件在会议召开前 3 天联系，参与本州农业的发展策略规划。许多有关农地利用的法案、城市建设项目征用农地、基金募集使用等都需要经过地方选民的投票，获得选民的支持，是项目得以实施的前提。能够获得包括农民，环境保护者和政治家们在内的社会公众的普遍支持，是其农地保护能够成功的一个非常重要原因。

目前在我国，土地利用规划、土地征用、转用审批、土地储备等相关土地利用制度中，公众参与的机制尚不完善，某种程度上不仅制约我国社会监督机制发挥，也是造成政府相关管理者自由裁量权度过大、决策行为容易随意化的重要原因。土地规划编制与实施依然主要依靠政府管理部门，发挥公众参与的环节尚不完善，也就使得我们的土地利用规划实施的透明度不高，规划实施的难度增大，公众的自觉参与社会监督作用发挥不够。在土地征用和用途管制制度实施中，主要的信息掌握在政府各级管理者之中，公众既没有知情权也没有决策权。虽然公示制度在逐步建立过程之中，在征地之前要求“告知征地情况、确认征地调查结果、组织征地听证”三个步骤作为征地审批前的必备程序，但是由于制度不完善，听证往往容易流于形式。

让决策者、开发商、环保人士、学者们共同参与到城市开发与农地保护的决策与实施之中，真正将理性增长与农地保护理念付诸实施当中，发挥公众的监督作用，使农地保护的数量、质量、生态三位一体目标得到实现。具体来说，可以通过以下措施来进行公众参与机制的完善：

1. 构建透明的信息平台

政府需要建立透明化、对公众开放的信息平台，公开政务信息，解决信息不对称问题。充分利用网络媒介等现代传播手段，保证公众参与的高效与便捷，拓宽公众参与的广度和深度，产生多层次的互动。并且信息公开应具有持续性和长期性，让公众不断地了解、参与和监督。

2. 构建公众参与平台

让相关利益主体参与土地利用规划、征地、用途管制等实施管理全过程，可以避免行政执行的弊端、决策的片面性和目标的顾此失彼，促进协调与协作。公众的参与也不应仅仅是在规划或征用之前单纯的听证等形式，或者在批准之后的公示，而是应从方案制定到实施的各个步骤都要建立长效的公众参与制度，体现公开、透明的原则，赋予土地使用者知晓、参与、决策、监督的权力，促使政府部门公正执法，提高工作效率，制约和避免各种违反规划、寻租行为的发生。公众参与平台的构成应包括：①处于较高宏观层次的国家政府和土地管理部门，作为政策制定者，他们的参与有助于了解更多实际情况；②地方政府和建设部门规划管理部门，作为规划编制和执行的主体，规划直接影响到到区域经济发展，进而影响到他们政绩；③其他利益相关者，如直接受到影响的城市居民、农民，环保、交通水利部门代表等（图 7-1）。通过制度化、法制化的规定对平台的运行、作用环节和具体程序等，进行详细的规定。平台内的代表者之间平等地发挥作用，从规划的制定、实施到修编进行动态参与，针对规划每一阶段产生的问题进行讨论并提出共同认可的解决方案。

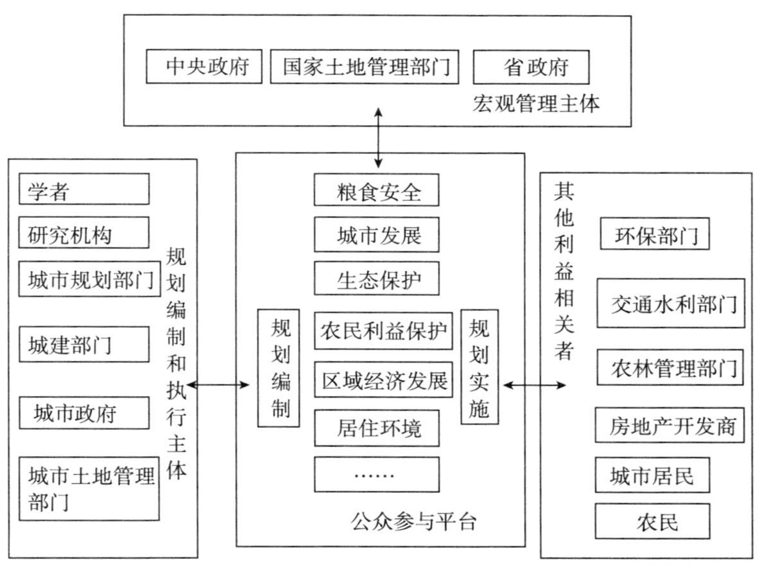

图 7-1　公众参与平台

3. 宣传与教育支持

通过宣传和培训，增强公众的参与意识，提高其参与技能，最大限度地发挥公众参与的实际效能，例如，对政策的了解和运用，对司法程序的掌握，对建议权的发挥运用等。

7.1.3 激励体系的构建

在城市扩张中，农地保护的主要参与人——中央政府、地方政府、农民之间存在动态博弈获取利益的问题。因而，激励机制的建立应建立在各主体效用函数分析的基础之上。

7.1.3.1 不同主体在农地保护中的博弈

1. 前提假设

以城市扩张过程中，城市扩张占用农地的增值收益分配为例，来分析各主体在其中的博弈。为了简化分析模型，做出以下假设：

（1）将中央政府、地方政府、农民这些农地保护中的参与主体看作完全理性的个体，其行为目标是实现自身效用最大化。

（2）将地方政府看作只有一级的行动个体。

（3）信息是完全的。即博弈参与各方对相互的行为特征、行为规则和效用函数有准确的认识。例如，中央政府和地方政府面对的是土地转让市场，即土地出让金的博弈，而地方政府和农民之间面对的是另外一个市场。本分析假设各方面对的是一个一致的完全市场。

2. 博弈参与人及其行动

中央政府是农地保护政策的制定者，它从长远观点和全局利益来考虑土地资源配置，增进社会总体福利，希望通过制定各种奖励与惩罚的激励政策来严格保护农地。因此，中央政府是农地保护的真正委托人，具有严格保护农地的倾向。但是由于政策的实施有滞后效应，要一段时间才能显现政策失灵的空间，进而采取新的应对策略。因此中央政府的行动空间有：实行现行农地保护激励政策和对现行农地保护激励进行改进。

地方政府是中央农地保护政策的执行者，因此实质上是农地保护的代理人。但是地方政府的行动又具有双重性，因为它也担负着地方经济收益最大化的使命，因此具有扩张建设用地、转用农地的原始动力。因此地方政府的行动为多占农地和少占农地。多占农地是为了经营土地、扩张城市建设，获取收益，少占农地是集约利用存量土地进行城市建设，保持耕地总量平衡。

农民集体由于是农地的所有人，应该是农地保护的委托人，但事实上，农民集体并不具有保护农地的能力和动力。出于利益的目的，农民的行动为保护农地和不保护农地。保护农地表示农民珍惜农地，抵制随意占用和破坏农地，这既是由农民与土地的天然依存关系决定，也是由农地对农民所发挥的社会保障作用概念决定；不保护农地表示不珍惜农地，因为农民受到农地不稳定预期的影响，一些农民为了短期利益，进行粗放经营，放任农地遭到破坏和转用，而使农民的农地保护动力不足。

3. 博弈过程

中央政府、地方政府、农民在农地保护中是一种动态的博弈，赢得博弈的途径是改变规则，通过制度和规则的改变，规范和改变参与者的行为。中央政府是农地保护政策的制定者，它的行动选择为推行现有政策和改进政策两种。现行财税制度规定土地增值收益的 70％留成地方财政，在城市扩张中，地方政府通过扩张城市建设用地、占用农地、转用出让可以获得较高收益，这为地方占用农地提供了经济动力，而转用农地的惩罚不足以补偿转用的获益，这在前面的分析中也已进行过剖析，这便是现行激励政策的核心。改进政策便是加大转用的惩罚或者增加保护农地的奖励，如美国所应用的交易税、使用价值评估等多样化的税收激励以及农地保护基金等政策。以下分别就中央政府保持现行激励政策和改进激励政策两种情况，分别分析博弈情况。

（1）当中央政府实行现行政策时：地方政府选择保护农地、少占农地，由于可转用的农地数量有限，在不考虑心理成本和心理收益的情况下，假设地方政府从转用农地中获得的收益为 a，中央政府的单位面积收益为 A；由于地方政府将部分非农转用，会给中央政府带来农地保护上的损失，假设中央政府的损失为 E，此时，中央政府的农地保护净收益为 A-E。尽管有少量农地转用，但农民也会从中得到农地征收补偿，同时也因失去土地而形成一定损失。假设农民不保护农地，它获得的净收益为 A_1；如果农民保护农地，抵制政府的征收土地行为，将会和政府形成一定冲突，农民需要自行承担这种行为的成本，假设成本为 L，获得的补偿增加额为 C，农民的净收益将为 A_1-L+C。地方政府需要多支付补偿费用，因此它的净收益变化为 a-C。

当地方政府选择不保护农地、多占农地时，地方政府的收益随着农地非农转用的数量增大而极大增加，假设增加额为 a'，则地方政府此时的净收益增加为 a＋a'；同时，中央政府的收益和损失都会随之增加，假设增加的收益为 A'，农民的净收益变化为 A＋A'－（E＋E'）。同样，如果农民不保护农地，尽管农民失去的土地更多，但相对于增加的补偿额来说，农民的总收益还是增加的，假设增加的收益额为 A1′，农民的总收益会变化为 A_1 + A_1’；若农民选择保护农地，其所承担的与政府冲突的成本会增加为 L’，得到的补偿额有限，变化为 C’，总收益为 A_1 + A_1’ − L’ + C’。地方政府由于要付出更多的征地成本，净收益为 a+a’ −C’。

（2）当中央政府改进政策时：中央政府会应对农地保护中出现的新问题，做出政策的改进，相关利益主体也会对政策变化做出反应，做出新的对策。例如加大地方政府违反农地保护的经济处罚，加大农地转用交易税，设立保持农地农业用途的保护基金，将会使各方的行动和收益产生变化。

当中央政府从农地转用收益分配等方面改进了农地保护政策，使地方政府获取农地非农转用所得的利益空间减小，这时地方政府选择少占农地，相对于改进前，它的收益损失将会更大，假设减少额为 Δa，这时地方政府的净收益将会减少为 a−Δa。中央政府的净收益几乎保持不变，依然和改进之前付出的成本与获得的收益类似，为 A−E。中央政府对农民保持农地的农业用途的激励和补偿提高，使得农地收益提高，增加的收益额为 ΔA1，农民若不保护农地，净收益会减少为 A1−ΔA1；农民若保护农地，抵制农地转用，则会要求更多的补偿，假设增加的补偿额为 ΔC，则农民的收益变化为 A1−ΔA1+ΔC。

当地方政府仍然坚持多占农地，由于农地转用的成本增加，假设成本增加额 Δa′，地方政府的收益则为 a + a′ − (Δa + Δa′)。中央政府仍与政策改进前一致。农民若不保护农地，由于补偿额较之政策改进前增加，所以其收益为 $A1+A1'-(\Delta A1+\Delta A1')$；农民若保护农地，抵制农地转用，假设其要求的补偿额变化为 $\Delta C'$，则其收益为 $A1+A1'-(\Delta A1+\Delta A1')+\Delta C'$。地方政府的收益则减少为 $a+a'-(\Delta a+\Delta a')-\Delta C'$。

4. 均衡结果分析

表 7-1　农地保护参与主体的博弈收益组合

		现行激励政策		改进激励政策	
	行动	少占农地	多占农地	少占农地	多占农地
	中央政府	$A-E$	$A+A'-(E+E')$	$A-E$	$A+A'-(E+E')$
地方政府	农民不保护农地	a	$a+a'$	$a-\Delta a$	$a+a'-(\Delta a+\Delta a')$
	农民保护农地	$a-C$	$a+a'-C'$	$a-\Delta a-\Delta C$	$a+a'-(\Delta a+\Delta a')-\Delta C'$
农民	不保护农地	A_1	A_1+A_1'	$A_1-\Delta A_1$	$A_1+A_1'-(\Delta A_1+\Delta A_1')$
	保护农地	A_1-L+C	A_1-L+C	$A_1-\Delta A_1+\Delta C$	$A_1+A_1'-(\Delta A_1+\Delta A_1')+\Delta C'$

由以上的分析可以看出，在中央政府维持现有农地转用收益分配及政策的情况下，地方政府出于逐利目标会选择多占农地，相对于付出的成本 C（给农民的补偿），地方政府所增加的收益 a' 要高得多，因而地方政府会和土地开发商会形成利益同盟体，多占农地、将更多农地转用。而农民由于处于相对劣势，抵制农地转用的成本 L 会大大高于自己所能获得的补偿 C，因此只能被动地接受地方政府强制征用以及较低的征用补偿。但是，由于看到农地转用投入少、收

益高，农民也难免受利益诱惑加入到转用农地的行列之中。由于我国土地市场尚不健全，农地不能直接上市交易，农民们便会选择私下转用开发农地或者与开发商直接达成交易，违法转用农地，小产权房、违法先占地行为便是这一现象的例证。城市扩张带动周边土地不断升值，同一区位土地被征用，便会影响农民的公平与收益预期，觉得土地有被征用的可能，便会粗放经营，农地质量下降便是农民农地保护积极性不足的表现。在现有政策下，博弈均衡的结果是地方政府倾向于多占农地，农民不珍惜农地。

若中央政府改进现有政策，对地方政府不保护农地的处罚加大，即使得其农地非农转用的成本大大高于其可获得的收益增加额，同时提高对农民保持农地农业用途的激励，使保持农地农用的收益相当于或大于转用所获补偿，将会极大改进农地保护的效果。在政策改进后，地方政府从农地转用中获取的收益将会极大减少，农民保持农地农业用途的收益将会增大，因此农民保护农地的激励将会提高，社会总体福利增大，因此，中央政府的占优策略是改进现有激励政策。博弈均衡的结果是中央政府进行激励政策改进、地方政府少占农地、农民保护农地。中央政府要有效控制农地城市流转过程，应对现有政策进行完善，而改进的关键是权益调整[219]。对地方政府来说，应从土地出让增值收益和土地征用成本出发来激励和约束其多占农地的行为。对农民来说，若不提高农民保持农地农业用途的收益，难以激励其保持农地的动力。对中央政府来说，若不改进现有激励政策，尽管城市建设扩张会获得较多的经济增长收益，但从长远来看，会影响粮食安全，造成生态环境损失，产生大量失地农民而威胁社会稳定，导致国家的整体福利受损。

7.1.3.2 农地保持权与发展权的创设

1. 概念的引入

在美国，保护地役权（Conservation Easement）或者保存地役权（Preservation Easement）是非常普遍的保护农业土地的方法，它是指农地的所有者和地役权所有者之间签订的具有法律约束力的协议，土地所有者因地役权而负担义务，地役权持有者则有权限制土地的开发用途。我国物权法中对地役权的定义是："地役权为不动产所有权人或使用权人在利用不动产过程中，依设定行为所定的目的，而以他人不动产供自己使用的权利。但所设目的不得违背公序良俗"。地役权的概念具有普遍适用于各种物之利用情形的功能。将这一抽象的概念具体到我国农业用地的应用中，可发展为农地保持权的概念，是基于所有权又从使用权中分离出来的一种概念，通俗地讲，即保持农用土地的权利，要求土地必须保持用于农业生产，对土地用途的转用进行严格的限制。既有"保持"，便会有"发展"的概念。农地发展权即发展土地的权利，同样是一种可以和土地所有权分离的权利，它是指农地转作其他非农用途（即建设用地）的不同用途使用权。

根据土地最佳用途原理，同一宗土地由于用途不同，其收益迥异。例如，工业用地、商业用地和农业用地之间，有着巨大的价值差额。某一区域的土地用途改变，也会带动该区位的土地整体增值。那么，当一个区域的农地被划为农业保护区或优先保护区域，便意味着该区域的土地利用受到管制，会使该区域的农地所有者的福利受到损害。例如，丧失了土地可能的增值带来的收益机会，即土地发展的权利；该区域（社区）经济发展机会的减少则意味着公共服务和基础设施投入的能力减小，同样会使居民的整体福利受损。但是，国家出于粮食安全或生态保护等目标，对该区域农地实行保护，会使整个社会的福利得到改进。因而，发展权和保持权都是一种有价值的用益物权，理应得到补偿。农业区、基本农田保护区理应实行特殊的优惠政策，激励农地保护的行为。

2. 具体应用

（1）设立农业保护区给予农地保持权激励。在前文谈到的农地分级评分系统建立的基础上，对城市影响区域判定为重要用途、需要进行永久保护的农地，一方面用法律规定区内的农业用地永久不得转为非农用途，另一方面需要应用农地保持权的概念予以补偿，消除保护区内和区外的差别待遇，避免非法土地交易的滋生。农地保持权补偿的对象包括农地的直接使用者—农民，也包括农地保护的责任人或者说代理人—地方政府。前文的分析表明，农民保持农地的动力不足是影响农地保护的重要因素，由于农民必须保证其经营的土地永久用于农业用途，不得抛荒、粗放经营以及将土地转作非农用途，因此而放弃了发展的机会。我国 2004 年开始实行了粮食直补政策和一系列扶持种粮农民和种粮地区的政策，其结果表明对粮食产量、农民收入的增加起到了积极的作用。但这种单纯的政策性补偿，并不能起到长期稳定的效果。农民、地方政府对补贴的长期稳定性必然存在不同的预期，长此以往，也需要付出较高的实施成本，容易滋生腐败，最终将影响政策的执行效果。因而，可以从农地保持权激励方面来提高农民保持农地的动力。在美国，运用购买农地保持权（PACE）已经是应用非常普遍的农地保护方法，政府或农地保护组织（AFT）参与直接购买，一旦农地保持权被购买，农地便不得转变用途。对于我国来说，也具有启发作用。

我国现行的基本农田保护制度存在着细碎分割、边界不确定的缺点，这便给地方政府“调地”留下空间，在城市扩张需要占地时，为了占补平衡，以质量较差的未利用地或其他土地，来代替基本农田保护区内的优质土地。通过前面的分析表明，生产效率较高的优质土地才是粮食安全的根基与真正保障。而由于中央对于地方政府违规占用耕地的监管鞭长莫及，基本农田调来调去便会被成片占用。可以尝试通过建立有清晰容易辨识标志的农业保护区，永久保护优质土地，这也将是解决占优补劣现象的“简单易行，放控明确；制度统一，权力分置”的农地保护政策系统。建立保护区后，最大限度地将优质耕地也就是现有基本农田划入农业保护区，保护区内禁止发展任何非农产业，非农产业只能减少不能增加，尽量将原住户培育成专业农户或农场主。而尽可能将浅山区土地和各种不易发展规模化农业的土地划到农业保护区之外，鼓励城市经济部门利用这些土地。在农业保护区的监管中，建立土地肥力指数化动态管理机制。农业保护区应归中央政府直接管理，城市建设用地因增减挂钩政策得以扩大时，应将一部分溢价收入用于农业保护区建设，为保护区农地保持权的激励[220]。

我国的具体国情是农地对农民来说有着较强的社会保障功能。因而在具体应用时，一种方式是采用农民以农地保持权换取养老金。另外也可以采用设立农地保持权基金的方式。在具体运作时引入农地保护非营利组织，与政府共同协作，资金来源既有国家专门投资，也有社会募集资金等。

（2）农地发展权激励。对农地发展权在我国的应用，国内已有大量研究，主要集中在对发展权归属的讨论，概括来说有三种观点：第一种主张发展权归国家，使用者若要开发必须向国家购买，类似英国模式；第二种主张发展权归土地所有者所有，允许其和其他普通商品一样进行市场自由交易，类似美国的开发权转让、开发权购买；第三种主张将农地发展权的决策权交于国家，国家作为发展权的主体代表，地方政府作为国家代理人具体行使征地权，农民通过建立社会保障机制的方式参与农地发展权权益的分享[221]。

从发展权设立的目的来看，这些观点的分歧便会迎刃而解。设立农地发展权的目的主要是为了保护农地、保护具有公共价值和生态价值的自然资源。农地发展权既然作为一种发展之权，便必然离不开用途的转变，是用途转变所获得的权利，并借此获得收益。在美国等土地私有制国家，农地所有者拥有土地利用的自主决策权，在宏观调控制度的约束下，政府主要通过发展权的购买来影响土地利用，达到保护农地的目的，发展权的购买价格一般都根据农地转用为建设用地后的价值与农地保留农业用途的价值之间的差额来确定。开发商如果想提高建筑密度和容积率，必须通过购买农地所有者、政府或者第三方非营利性组织手中的农地发展权，从而获得在城市中提高建筑密度和容积率的许可。发展权的提出和实施，一方面保障了农地所有者的利益，使他们在面临开发压力时的经济利益得以保障，维持了农地农用；另一方面，通过发展权的购买和转移，鼓励了城区土地的高密度集约利用，提高了城市的基础设施投资效率。政府通过建立发送区和接受区来引导土地利用的流向。

（3）保持权和发展权的归属。保持权是独立于产权的一种权利，既然是一种权利便应有收益的讨论。它是基于农地的生产经营而获取的一种权利，因此理应归属于农民。但是具体到我国的国情，在保持权的归属上，完全归于农民而任其自由买卖显然是不现实的，因此它应是一种受限制的权利。因为其设立的目的是为了减少地方政府以地套利的获益空间，又为了激励农民保持农地的农业用途，它的具体应用应是在地方政府征用土地时，应将保持权纳入补偿测算中，而城市周边划为基本农田而不能获得升值空间的农民，则应获得保持权的收益奖励。保持权的运作应该是由独立于地方政府和农民的第三方组织来进行具体的运作，主要目的是对关键地块、对国家有着重要意义的农地进行永久保护。

对我国来说，设立发展权的主要目的应是基于保护农地而对土地用途转变建立的经济约束。农地发展权的设立可以保护农民权益，让农民参与到农地的增值收益分配之中，避免地方政府与开发商结成利益共同体对增值收益的独享，甚至是削减地方从低价征用农地、高价转让中获取的超额收益，增加了农地转用的成本。从这种意义上来说，发展权收益无论是归“公”还是归“私”都是不合适的。

发展权的运作仍然需要建立在对农地重要程度、生态价值等综合评价的基础之上，对农地价值评价指标体系进行修正，不仅要考虑农地的生产价值，还要考虑农地的非生产价值，比如区位因素、土地市场升值等，同时将农民的就业转移、生活条件改变的间接成本、社会保障制度纳入征地补偿之中，减少地方政府从农地转用中低价征用、高价转出的套利机会。

确定哪些地块不能设立发展权，哪些地块可以设立发展权，是需要政府和非营利农地保护组织协作来完成的事情，也是保持权和发展权应用的前提。基于发展权对征用补偿机制进行补偿，可以约束地方政府以地生财的行为，为农民提供保持农地农业用途的动力，保护农民权益。

7.1.3.3　建立农地生态补偿机制

在农地非农化过程中，现行补偿体系不包括生态环境价值补偿，造成农地的开发利用仅受单纯经济利益驱动，却未受到有效的资源与环境约束，使得资源耗竭速度加快，导致经济发展对农地的不珍惜和破坏，又反过来制约经济可持续发展。为此，不仅要对农地的经济价值与社会价值进行补偿，还需对农地的生态环境价值进行补偿。

我国农村集体土地产权不明确，根据《土地管理法》第10条规定，我国农村集体土地的土地所有权归农村集体所有。但农村集体的概念不明确，村集体经济组织、村民委员会或乡镇农村集体经济组织都属于农村集体。土地所有权主体的多元化及不确定性造成了农村集体土地产权主体的虚位，这形成了各主体对农地补偿收益竞相争夺的局面，使得土地补偿款经各级主体层层截留后，到农民手中的就屈指可数了，不利于农地收益的公平合理分配并损害了农民的应得利益。因此，必须进一步明确农地补偿的受益主体，以确保包括农地补偿收益的合理分配。打破现有的不合理分配格局，使征地补偿款的大部分份额流向失地农民，村集体可留用适当比例进行村内公共事业的建设及用作农民的保障基金。具体分配比例应单独立项进行研究[222]。建立农地生态价值补偿机制有助于激励开发者恢复与重建被占用农地的生态功能，减少占用农地造成的生态破坏；还能加强对建设占用农地的合理规划，促使开发者节约稀缺的农地资源，这就从改善生态功能角度优化了农地的非农建设占用。

7.1.3.4 建立农民土地退出补偿激励体系

要实现城乡协调发展，必须理顺农民与农村土地之间的关系，既把农民从土地上解放出来，在尊重农民意愿并不损害农民合法土地权益的基础上，构建合理的农民土地退出激励机制，是我国当前农村土地制度改革最大难点。既要让进城务工农民在城镇安居乐业，成为真正的现代市民，又要保障留守农村的农民生存、发展的权利。

1. 农地承包经营权退出的补偿机制

按照农民的意愿，把进城务工农民对土地承包经营权的处置方式分为“退出”与“准退出”两种，因此需要进行两类不同性质的制度设计，即建立“退出”与“准退出”的利益补偿机制。“退出”就是农民工愿意将土地承包经营权退给集体，彻底地割断与土地的联系，成为真正的城市市民。“退出”是农村土地制度改革的必然方向。而“准退出”是指那些愿意退出农村但不愿意放弃农地承包权的农民转让土地经营权（使用权）的一种方式。为了实现农地的集约利用，避免造成土地的闲置与浪费，在尊重他们土地权益的前提下，促进土地流转。农民退地补偿必须充分考虑到农民失地后的生存与发展问题，能够保证农民顺利地融入城镇社会，这应该是制定退地补偿的基本尺度。由于各地经济发展状况不同，补偿依据也有所不同；由于土地的质量以及区位条件的差异，补偿的标准也有所区别。但是基本的补偿原则应该是，必须确保退地农民能够在城镇“沉淀”下来，充分保障他们未来的生活。退出补偿费用由受益人（或企业）、地方政府、中央政府三者分担，基本构成包括：由于土地转让租金、地方政府的支农资金、中央财政专项基金等。土地转让租金是在土地进行新一轮承包调整之前，通过有偿转让，由地方组织代收；中央财政专项基金是中央财政从支农开支中划拨部分经费作为农民退地补偿的专项费用；地方政府也必须从支农财政中划拨一部分经费作为退地的补偿。由于农民退地会带来农业和非农业的增量效益，有利于实现土地的集约利用和规模化经营，提高留守农民的收入水平；农业现代化又为非农产业提供丰富的原材料和广阔的产品市场，因此，由地方政府与中央政府建立退地补偿专项基金是合情合理的，也符合现阶段“工业反哺农业，城市支持农村”的政策取向[223]。

2. 农民宅基地退出的补偿机制

我国农村宅基地大量闲置，与宅基地长期实行无偿使用和无偿退出与回收政策有很大关系，农民取得宅基地基本没有成本，退出也得不到应有补偿，许多进城农民因迁户要交地，所以没有积极性。闲置宅基地在处理上无统一制度、无市场交易、无人管、无钱管。通过建立宅基地有偿使用和有偿退出激励机制，能够调动农户宅基地退出的积极性，促进宅基地整理工作的顺利开展，重新激活部分被沉淀的土地，发挥其应有的价值，节约农村建设用地，保护农地。

农村宅基地退出补偿作为农村宅基地退出政策中的重要一部分，直接影响着农村宅基地治理工作的效果，合理的补偿机制主要遵循以下三个原则：公平补偿原则、多样化补偿方式相结合以及保障农户可持续发展原则。通过实证分析发现，陕西省农村宅基地补偿的最大问题是由于单方面制定的补偿标准过低，导致农户宅基地退出后的损失大于补偿，没有很好地调动农户宅基地退出的积极性，阻碍了农村宅基地整理工作的开展。制定贴合农户意愿的补偿标准，最大限度地弥补农户因宅基地退出而遭受的损失，保障农户合法受偿权益。愿意退出宅基地的，如果是就近转业的农民工，可以探索以宅基地置换城镇住房的方式进行补偿；如果是跨区域异地转业的，可以按照本地城镇房屋租金的平均水平，逐年发放房租补贴，补贴年限应不低于10年。

关中地区不同区域内的农户宅基地期望受偿价格不同，即使在相同区域内由于各村落所在地经济发展不均衡以及宅基地自身禀赋存在差异也会造成农户的期望受偿价格不同，这就需要从农户宅基地自然环境、建造成本、区位经济价值、农户农业收入和迁居城镇保障房价格等综合因素来划定合理的补偿标准。选择补偿方式时，要根据当地区域经济发展、农户生活习惯、自然地理条件以及地方财政情况，除了以上几种补偿方式外还可以结合农民进城落户、子女教育、城镇居民医疗养老保险等政策进一步完善丰富。在制定补偿标准时，也要兼顾到农户宅基地退出后的生活来源问题，所以还应对农民进行再就业技能培训，提高宅基地退出的农户在城镇的生活和生产技能，由政府出面搭建城镇务工信息交流平台，拓宽就业渠道，促进农户进城再就业和农民的可持续发展，彻底解决农户的后顾之忧，使农户能够积极参与宅基地退出。

市民化的障碍在于户口背后所附着的一系列利益，如孩子入学、经济适用房指标、养老、就医保障等，迁往城市居住的农户不能享受到城市人所能享受的各种社会福利。同样为城市发展做出贡献，这样有失社会公平原则，这也无形中提高了农户进城生活的成本，降低了农户宅基地退出意愿。只有淡化户口的价值，并解决了农民的后顾之忧，农民工享受与市民相同的养老保障，才真正扫清了农民退出宅基地的障碍。具备一定规模的村庄设置为“县辖市”，并随着农业现代化的推进，将现有自然村逐步转变为小型专业农户居民点，并直接归属“县辖市”统辖，使农户成为不分城乡的居民区的居民，在此基础上建立以民主自治为核心的城乡统一的社会治理架构。在城市群以外地区对农业县进行适度合并，控制城镇扩张，支持农业人口大跨度转移。支持专业农户分散居住，发展现代农庄。在城镇化工作的部署和考核等方面，淡化“城镇化率”指标。陕西省国土资源厅 2007 年统计数据显示，陕西全省农村可供复垦整理的废弃宅基地面积有近 5.33 万公顷，仅渭南市就有 3.13 万公顷。因而，通过建立农村宅基地退出机制，有步骤地推进农村居民点撤并和小城镇、中心村建设，在充分尊重农民意愿的基础之上，通过城镇产业的支撑，引导村民逐步在小城镇、中心村集中居住建房，是对闲置宅基地进行有效整理的良策。通过乡村企业和农民住宅向县城和中心村镇聚集，化解农村城镇化过程中形成新的人地矛盾。依据科学规划原理，做好农村的国土资源规划与村庄整理，政府通过撤村、并村和中心村镇基础设施投入，在规划区域内吸引房地产商投资建房和农民集中建房。仿效城中村改造经验，农民原有住宅可以折价置换社区新房，置换出来的村庄土地可以还耕，也可以经营开发。而不能仅仅是“让农民上楼”、没有就业机会支撑的农民进城会造成更大的城乡矛盾。

而对于补偿资金的来源，可以通过整合政府、企业、银行等投入的宅基地整理资金，建立专门的农村宅基地整理资金池。这部分资金托管到大型商业银行，商业银行作为资金保管人对资金的存放安全负有主要责任，对资金的支取进行监管，并设置支取明细账目，定期向宅基地治理的各方参与主体汇报资金的使用情况。政府和企业作为资金使用者，在使用时需接受资金托管银行和村集体的监督，做到专款专用并定期向各方参与主体汇报取得资金的支取使用情况。农村村集体成立专门的机构，负责监督资金池的使用情况，并听取资金使用方和保管方的使用汇报，一经发现违法违规使用资金的情况，立即向政府有关部门、监察机关举报。

7.1.3.5　土地增值收益分配的改革

一直以来，土地出让金是地方政府财政收入的一个主要来源，也成为地方政府促进农地转用的原动力。2006 年国家开始实行土地出让金纳入地方预算管理、实行收支两条线管理措施，这对限制地方政府对土地出让金的使用方式起到了一定作用，但并不能从根本上控制地方农地非农化的行为，这是因为地方政府依然是土地转让增值收益的获益主体。

国内学术界对于征用农地增值收益分配的改革提出了各种思路，大多数从提高征地补偿标准上进行了研究，有的学者提出土地出让金上交国家，由国家提高地方政府上交增值收益（新增建设用地出让金）比例，并从中提取一定数量的补偿基金，这些思路无非都是在原有制度基础上进行量的改变。农地保持权和农地发展权概念的引入，以及在农地保护中的实施，将会改变土地增值收益分配的现有格局，营造农民、国家、地方政府之间共享增值收益、促进农地保护的新局面，有利于社会公平。地方政府征用农地用于公益目的时，不需要全部补偿限制土地发展的权利；当地方政府征用农地出于非公益目的时，便需要支付发展权价格，这部分收益将是建设用地价格与农地价格之差，可进一步划分为基本发展权价格与实体发展权价格，前者是土地开发价值、农地外部价值、失地农民社会保障和因政府规划和公共投资而产生的增值部分，基本发展权应归国家所有。实体发展权为农地发展权价格扣除基本发展权部分，收益归农民所有[224]。这会使地方政府从农地转用中获取的增值收益减少，以地生财的利益冲动减少，少占农地将是其理性选择。而农地保持权概念的引入和实施，将有助于增加农民保持农地的动力，增加其从保持农地上获得的收益，保护农地将是其现实选择。中央政府所得的发展权收益将主要用于支持农业和农民发展，改善农业生产条件、降低农民的生产成本，通过资金配套、财政政策改革、优惠税收等经济措施支持地方政府保护农地的行为。

7.1.4 其他配套措施

7.1.4.1 市场体系的建设

规范的土地市场是地方经济发达与成熟的重要标志，只有规范有序的土地市场，才能促进经济的健康发展，才能使政府部门有效地运用市场机制参与对土地资源的宏观调控。如果土地市场不规范，市场秩序混乱，土地资产流失，不仅削减了土地对经济发展的贡献，而且影响经济的运行质量，滋生腐败现象，影响社会稳定。正是因为我国的土地市场不健全，土地一级开发市场完全由市场垄断，给地方政府肆意占用耕地提供了机会，农地资源的稀缺性并不能通过市场价格进行反应，而完全由政府定价，政府作为理性的经济人必然会不惜一切代价实现自身利益的最大化。逐步健全土地市场，用市场配置全面替代行政配置土地资源，发挥价格机制的作用，实现“同地、同价、同额补偿”，才能使税收逐步成为调节土地利用的重要杠杆。完善土地市场体系，让市场来决定分配，也应让农民参与到土地增值收益的分配中，既可以提高市场竞争力，又能有效地规范和监督地方政府的行为。

7.1.4.2　帮助农民增收的措施

1. 加大农业基础设施的建设

从长远来看，水资源对农业生产的制约作用甚至会超过耕地资源的制约。我国水资源总量匮乏、时空分布不均、水管理技术水平低，是导致我国农业生产中水资源不足的重要原因。同时，存储和运输条件的限制也是制约农业生产效益实现的一个关键因素，许多农产品的生产，包括粮食、蔬菜、水果等，都有着明显的季节周期，存储和运输条件不足，将会使农民丰产不丰“收”，使农民的生产积极性遭到打击。因此，我国既需要继续加大农业基础设施建设，如水利灌溉、农业储运设施等的建设，降低农业经营的成本，从而增进农民保持农业生产经营的动力。

2. 帮助农民提高农业经营能力

各方努力帮助农民增收，才能促进农民保持农地。一方面，基础教育的正外部性大于高等教育是早已被验证的规律，因此应通过加大对农村教育事业的投入力度，提高农民综合素质。另一方面，需要有专业的机构，指导农民的农业经营，提供各种培训，增强农民增收致富本领。另外，社会保障体系的建立将会解决农民的后顾之忧。

7.2　创设农地保护非营利组织

7.2.1　设立背景

从美国的经验可以看出，中央政府、地方政府、非营利组织和农民在农地保护中都应有不可或缺的作用，这些相关主体的作用的发挥，对农地保护政策和方法的执行有着极其关键的作用。

从我国实践来看，中央政府是主要的推动主体，我国的政策制度没能从根本上扭转耕地不断减少、质量不断下降的局面，对于地方政府的农地保护积极性调动不够是非常主要的一个原因。在农地保护行动中，地方政府处在前沿，具有信息优势和执行权力，地方政府出于经济利益和政治利益，会作出“明修栈道、暗度陈仓”的有悖农地保护的行为。由于政府既是政策的制定人、执行人、审批人和监管人，角色的复杂性也决定了政府的行为既有公共利益的属性，又有经济人的属性，有时难以兼顾效率与公平。

在目前的农地保护管理和执行体系中，政府具有强势作用，农民则处于弱势地位，农民在农地转用中没有决策权，不仅目前我国的政策体系中没有为农民提供参与谈判的机制，农民自身也没有完全能力参与谈判，政府容易利用手中拥有的行政垄断权力，侵害农民的利益，降低农民在农地保护中应有的主体作用的发挥。而且农民的整体经济收入偏低也是影响其农地保护行为的重要因素。同时，由于农地保护具有外部效应，比如社会稳定、环境友好、生态保障等功能，因此，仅由农民来承担全部职责也是不合适的。

因此，在政府和农民之间，还应该有一个非营利的第三方农地保护组织，在政府执行体系之外，专事农地保护职责，帮助农民增收，使农民自觉自愿地参与农地保护。从相关研究发现，无论是农民，还是政府管理者或普通居民对建立农地保护组织支持的响应积极性都很高。

7.2.2　农地保护组织的职责与使命

该农地保护组织作为一个非营利的民间组织，主要任务是保护农地，帮助农民保护农业土地的生产能力，保持农业土地所产生的环境价值，保护农民权益。其使命在于：

使命一：在政府与农民之间担任政策实施的桥梁，促使农地保护政策的制定和实施。一方面，中央政府制定的各项惠农税收政策、农业扶持政策、补贴政策及农地保护政策，由农地保护组织参与执行过程之中，保证扶持资金能够用于农民，用于农业；另一方面，政策在执行中发现的问题，也需要由农地保护组织及时反映和提出改进措施，促使新的政策及时产生；

使命二：保护农业土地。优质、高产农地资源在我国尤其是稀缺资源，农地保护组织将致力于支持各地的农地保护活动，帮助各地保持这些土地能够永久用于农业生产，为城市居民保证蔬菜、食品供应；

使命三：规划农业发展。保证国家农业产出的稳定，帮助区域平衡城市发展与农地保护之间的关系，实现城市理性增长，同时又合理保护农业发展；

使命四：保护环境。农业土地是生态环境中的一个子系统，农药的不合理使用、土壤的退化都将对生态环境造成直接影响，因而保护农地不受污染，保护地下水源、野生动植物栖息地都是农地环境保护的主要任务。

7.2.3　农地保护组织的资金来源

农地保护组织以非营利为目的，其运营资金来源有以下渠道：

1. 私人捐助

农地保护关系到每一个人的基本生存所需，也关系到每一个人的生存环境，调查显示，农民、政府管理者、普通居民对农地保护组织都有自发自觉保护农地的支付意愿。通过广泛宣传，获得社会各界的捐款、赞助，是农地保护组织运营资金来源之一。

2. 政府配套资金

由政府提供资金专门用于农地保护，由农地保护组织与政府合作实施。包括，政府在土地出让金中提取留成，用作农地保护补偿基金；各地政府发行用于农地生态保护的债券，筹措资金；政府税收转移支付资金；政府农业补贴资金等。农地保护组织与政府建立合作伙伴关系，负责将政府配套资金用于农地保护的实践活动之中。

资金除了维护农地保护组织自身运营所需的费用之外，全部用于农地保护技术的开发，农地的农业保持权购买，资助农民开发农业新产品等农地保护活动。

7.2.4 农地保护组织的运营

农地保护组织以民间社团组织的法人身份出现，是独立于政府的非营利机构。其人员组成以前面公众参与平台构建中提出的各参与主体的代表组成，如城市建设规划部门代表、环境保护部门代表、政府代表、农民等。在实际运营中，与政府、农民都有着极其紧密的联系。尽管它是非政府组织，但在一些环节应具有与政府同等的权威作用。

该组织的日常活动之一是通过一些独立的学术研究活动，唤起社会各界对农地保护、环境保护、城市理性增长的认识和支持。具体活动包括：①与大学、研究机构合作，进行土地利用和环境保护项目研究；②开展农地保护学术交流；③开展知识咨询；④科技成果推广；⑤定期出版研究报告。

参与政府农地保护与农地非农转用活动。农地保护组织在各地设立分支机构，重点对高产农业区、有战略地位的农地资源等，通过对农业保持权补偿基金的运作进行永久保护。同时也参与到农地征用交易与谈判活动之中，对农地资源进行评价，从农业发展、环境保护、农地保护角度给出建议，其建议权、否决权对农地非农转用应起到关键作用。

与已建立的各地农技推广站等合作，帮助农民进行农地保持。一方面，帮助农民进行农药施用的管理，农业灌溉技术，土壤改良技术，生态退耕、休耕技术推广，保持农地质量不下降；另一方面，组织专家帮助农民一起设计农业发展计划，开发新产品，新项目，帮助农民增加农业收益，提高其保持农地的动力。农民需要用农业保持权来换取农业扶持资金。

通过遍布全国的农地保护组织对农地保护活动的参与，在政府渠道之外，掌握第一手、客观中立的有关农地保护各环节的具体信息，承担信息交换中心的任务，对于解决农地保护中央政府、地方政府、农民之间的信息不对称问题，促进信息公开、透明能起到极其重要的作用。

由于其职责比较专一，负责农地及其环境保护任务，因此能够通过其研究活动和参与的实践经验，对国家农地政策的改进、新政策的实施起到建议作用。

综上所述，建立这样一个非营利的农地保护组织既有可行性，也有着实践意义，将会推进我国城市扩张中的农地保护活动，解决我国现行农地保护方法中存在的问题。对于关中地区来说，建立农地保护的第三方组织，也将为农地保护提供有力的支持。

7.3 创新技术模式

7.3.1 改变城市扩张模式，建立紧凑型城市

城市的产业聚集、信息聚集的功能大大地降低了信息成本，降低了基础设施建设的成本，并且能够因为人口聚集而产生大量的市场需求，发挥产业聚集的溢出效应。关中地区下一阶段的城市化发展，应该从外延型、低密度的扩张变成内源型、紧凑型的高密度发展模式。也就是说，首先城市功能要实现紧凑，城市要素功能上相互联系、相互作用，形成一个有机的功能实体，通过功能间的互补，减少通勤，同时也能减少城市拥堵；其次，提高城市要素的承载规模，比如建筑密度、人口密度等；最后，在城市的规模及功能配置既定的情况下，通过城市空间分布模式的优化以达到城市的紧凑[224]。对于关中地区来说，尤其是面临水资源约束及承载的压力，城市发展时更是要通过提高城市要素的承载规模，都市区层面的密集而邻近的开发模式，公交系统的高效连接，以及本地服务、设施和就业的良好可达性三方面的标准来检验城市化从量到质的发展与变迁。

1. 土地功能适度混合利用

不同土地利用方式的混合、不同设施的混合、土地与设

施交错的混合来实现，可以提高土地利用的强度，减少交通出行，降低服务和基础设施建设的支出，同时也能减少能源消耗和空气污染，有利于发挥城市聚集经济中的区位效益和组合效益，克服不同功能混杂所带来的外部负效益，使城市各要素在组合的方位、数量上处于最佳状态。同时，土地功能适度混合利用可以促进社会凝聚力，改善公众生活条件，塑造宜居城市，有利于增强城市各产业和服务机构之间的联系[225]。

对于关中地区来说，当前所要做的是要提高城市规划与设计空间战略技术水平，将土地利用管制工具与公共交通政策、公共服务、就业与居住用地匹配，公共空间开发等相结合。一个真正的紧凑城市，应当为企业提供充满经济活力和创新能力的城市氛围与就业市场，为居民提供适当的住房和就业机会，居民和企业都能够享受邻近而便捷的公共服务和高效的公交系统，以及城市内部与周边地区良好的联系[226]。

2. 与交通耦合的土地利用

合理的交通与土地利用耦合能够保证城市土地利用的紧凑，能够给人们提供多种交通选择，土地利用高密度开发只是实现紧凑城市目标的一种手段，提倡地铁等公共交通设施的使用，缓解交通压力而不是目标本身。与新城市主义理念提出的公交导向型的土地利用模式内涵相似，围绕大容量公交站旁进行可持续土地开发。同时通过交通网络的连接，可以实现通达的城市中心群，并以这些城市中心为核心，发展高密度、高强度的城市空间组织形态。

关中地区正在通过以西安为核心的关中城市群建设来拉

动区域经济发展，但是自2000年开始建设至今，与国内其他城市群相比，关中城市群目前仍地域较小、城市集中程度不高，经济总量与发展速度均滞后。一个很重要的障碍便是城市空间组织形态的密度不够，通过城际铁路网建设、城内地铁公交网络建设，可以打破城市空间阻隔，实现与交通耦合的土地利用。2013年，丝绸之路“一带一路”建设提出，必将给关中带来更多的发展机遇。

7.3.2 广泛利用土地集约节约技术

从技术二元论角度，节地技术可分为由物质载体实现的工程技术等“硬技术”与由管理科学为代表的“软技术”。

1. “硬技术”

硬技术主要是指生产工艺、生产设备创新，从产业或行业的角度看，节地技术可以分为农业节地技术、工业节地技术、建筑业节地技术、第三产业节地技术等。也可以按土地用途分类（《土地利用现状分类》GBT21010—2007），将节地技术分为12个一级类、56个二级类。也可以按区域分为城市节地技术、农村节地技术和城乡结合部节地技术等。在节约集约利用土地的实践中，应采用一系列技术、管理手段和政策措施，实现土地利用时空上的优化组合，比如在城市建设中，将旧城区改造节地和新城区建设节地相结合，合理利用地下、半地下空间，有效节省利用土地资源、减少污染，提高土地资源利用率。采用立体化交通布局方式，通过竖向层叠式的节约化交通布局方式，轨道交通枢纽等，高密度使用土地。将平面节地型（向地面集中要密度）和立体开发节地型（向地上地下立体空间要高度、深度）相结合，尽快建立节地技术体系和评价标准，总结当前较为成熟的节地技术和模式，在整个关中地区的城市化建设中推广应用[227]。

2. “软技术”

要抓紧研究节地技术和节地模式的激励政策。对于节地效果明显、推广前景好的节地技术和节地模式，在用地取得、供地方式、土地价格等方面，加快研究支持政策，建立完善制度和政策层面的激励机制。逐步健全以节约集约为统领，以提高资源利用效率为目标，以制度、标准、技术、评价、考核为构成要素的土地节约集约管理体系。

7.3.3　土地整理与土壤肥力培育，使“差地”变“好地”

1. 技术

在城市开发过程中，占补平衡政策的实施中难免会出现占优质土地而补充劣质土地的现象，还有一些宅基地整理的土地，也存在肥力较差等状况。土地肥力是可以培育的，通常需要 5 年左右的时间。土地整理不可避免地会对项目区的环境要素及其生态过程产生影响，因此需要通过控制水土流失、少耕、免耕、复合种植等多样化技术方法改善土壤结构，加大地面覆盖、发展生态农业，使用有机肥、微生物肥及其他新型肥料，恢复原有的生物群落，或增加防病、防害、生物修复等功能，改善土壤环境，调控保持土壤肥力。此外，在进入可耕作期间，仍应通过间作套种、休闲轮作等合理的作物栽培方式，增强土地肥力，保护农地。

2. 制度

因为整理后的土地要培育或恢复肥力需要时间及成本，

因此在占补平衡政策实施时便要将此部分成本考虑进去，并建立相应的配套管理制度来保障实施。例如在土地开发复垦项目加强常规管理的基础上，将后期种植等管护措施前置，在项目规划设计时就将土壤肥力培育的一些资金需求列入工程预算或者设置合理的奖惩措施激励村民的种植积极性，使开发复垦项目真正发挥效益。特别是针对以后一些图件资料和电子数据的要求越来越高、程序也相对复杂的特点，更需要培训等来提高土地开发整理复垦从业人员技术能力。

本章小结

本章在前文研究分析的基础之上，从目标设计、调控机制、激励机制和农地保护组织构建、创新农地保护技术等几个方面提出了我国农地保护的机制和方案。首先，提出农地保护的目标设计应包括数量、质量、生态三位一体目标，将城市理性增长理念引入农地保护之中。其次，就如何从调控机制上融入目标提出了对策，具体包括：建立法规调控的定量化基础，保证土地利用规划的协调与量化，政府参与方式的规制，法制保证，公众参与机制的建立等。另外，对于执行体系中参与主体（中央政府、地方政府、农民）行为的矛盾与效率损失，一方面通过有效的激励约束机制，引导其决策行为；另一方面，需要引入第三方非营利农地保护组织，参与到农地保护的诸多环节当中，发挥政府所不能发挥的一些职能。最后提出了激励机制完善的思路。具体包括：引入农地保持权和农地发展权的概念，改革土地增值收益分配机制，进行市场体系建设、帮助农民增收。对非营利农地保护组织的设立、职责、运营进行了具体设计。也讨论了创新农地保护技术的方法，如通过改变城市扩张模式，建立紧凑型城市，广泛利用土地集约节约技术等。

结　束　语

保护农地是关乎当代，造福子孙后代，牵涉到我国社会、经济可持续发展的长期战略问题，因此受到了极高的重视。不可否认，国家实施的一系列政策对保护农地起到了积极有效的作用。但是，面临城市化、工业化加快，城市化不断扩张的新态势，农地保护工作也面临许多新的挑战。

在我国现行制度设计下，农地保护的数量目标被给予了足够的重视，但是对质量和环境等目标重视不足，在法律、法规、政策、措施上也缺乏清晰的规定。农地保护不仅影响到中央政府、各级地方政府等相关参与主体，与社会公众也息息相关。分析我国的农地保护体系，不难发现其中存在诸多问题，主要表现为用途管制缺乏持续性、重视数量、忽视质量，地方政府利用土地征用套利，土地市场不健全，农民无法参与到土地增值收益分配等。因此，我国仍需继续进行农地保护方法的创新以及法制的完善，使城市合理增长、农民权益得到合理保护、政府行为得到规制。

农地保护是一项长期的、动态的系统工程，本书仅对我国的农地保护目标、政策体系和一些相关主体的行为进行了分析，并提出了一些建议。本人研究水平有限，对农地保护中的一些问题没有展开深入探讨，例如规划如何动态适应城市发展，没有深入展开，这些都需要在今后的研究中继续深入。

参 考 文 献

[1] 保护耕地问题专题调研组．我国耕地保护面临的严峻形势和政策性建议［J］．中国土地科学，1997，10（1）：2-10.

[2] 封志明，李香莲．耕地与粮食安全战略：藏粮于土，提高中国土地资源的综合生产能力［J］．地理学与国土研究，2000，16（3）：1-5.

[3] 钱忠好．耕地保护的行动逻辑及其经济分析［J］．扬州大学学报（人文社会科学版），2002（1）：32-37.

[4] 马欣，钟太洋，谌明．耕地保护中的委托——代理问题及其治理［J］．湖南农业大学学报（社会科学版），2002（1）：33-36.

[5] 王玉琼．耕地保护与政府职能的相关性分析［J］．农业经济问题，2004（4）：57-61.

[6] 邓大才．农地交易：政府失灵与市场缺位［J］．国家行政学院学报，2004（1）：50-53.

[7] 毕继业，朱道林，邹晓云．中国内部土地收益分配的博弈分析［J］．中国土地科学，2003（2）：3-7.

[8] 邬丽萍．城市土地利用中的博弈关系［J］．改革，2005（12）：104-108.

[9] 张元红．我国耕地保护的现状、症结与出路［J］．中国科技论坛，1998（2）：13-15.

[10] 温铁军，朱守银．土地资本的增殖收益及其分配——县以下地方政府资本原始积累与农村小城镇建设中的土地问题［J］．中国土地，

1996 (4): 24-27.

[11] 赵淑芹 . 省级以下土地垂直管理及实施难度研究 [J] . 石家庄经济学院学报, 2004 (4): 388-391.

[12] 刘国臻 . 论我国土地管理体制改革方略 [J] . 南方经济, 2003 (8): 17-20.

[13] 蔡运龙, 傅 泽强, 戴尔阜 . 区域最小人均耕地面积与耕地资源调控 [J] . 地理学报, 2002, 57 (2): 127-134.

[14] 李军杰, 钟君 . 中国地方政府经济行为分析——基于公共选择视角 [J] . 中国工业经济, 2004 (4): 27-34.

[15] 胡文政 . 城市化进程与建立土地配置市场机制 [J] . 中国房地信息, 2005 (2): 45-46.

[16] 冯久先, 代祥 . 保障农民权益问题透析 [J] . 热点聚焦, 2005 (9): 32-33.

[17] 曹志宏, 郝晋珉, 梁流涛 . 农户耕地撂荒行为经济分析与策略研究 [J] . 农业技术经济, 2008 (3): 43-46.

[18] 庞瑞锋 . 解决耕地撂荒需提高种粮收益 [J] . 中国乡镇企业技术市场, 2004 (5): 26.

[19] 吕巧灵, 吴克宁, 孙志英等 . 耕地撂荒现象探析 [J] . 决策探索, 2003 (5): 22.

[20] 马清欣, 何三林 . 对当前农村耕地撂荒和耕地质量下降问题的探讨 [J] . 中国农业资源与区划, 2002 (4): 19-21.

[21] 蔡银莺, 王晓霞, 张安录 . 居民参与农地保护的认知程度及支付意愿研究——以湖北省为例 [J] . 中国农村观察, 2006 (6): 31-39.

[22] 党国英 . 保护优质农地需要整套政策措施协调推进 [J] . 农村工作通讯, 2012 (18): 44.

[23] 季建林 . 当前我国农村经济的主要问题与出路 [J] . 经济理论与经济管理, 2001 (1): 70-72.

[24] 朱奉奎 . 土地经济学 [M] . 北京: 法律出版社, 1991.

[25] 谈明洪，李秀彬，吕昌河.20 世纪 90 年代中国大中城市建设用地扩张及其对耕地的占用［J］．中国科学 D 辑地球科学，2004，34（12）：1157-1165.

[26] 张思锋，牛玲，徐清梅，雍兰．关中城市群城市等级结构及其发展思路［J］．西安交通大学学报（社会科学版），2002，22（1）：25-33.

[27] 夏显力，赵 凯，马健梅．陕西关中城镇集聚——碎化指数测度及其分析［J］．西北农林科技大学学报，2008，8（1）.

[28] 杨勇，任志远．关中地区土地利用综合分区及对策研究［J］．地理研究，2010，29（1），：154-161.

[29] 谈明洪，城市用地扩张与耕地保护［J］．自然资源学报，2005，20（1）：52-58.

[30] 解修平，周 杰，张海龙等．关中-天水经济区土地利用变化模拟预测 及景观格局动态变化［J］．干旱区地理，2013，36（3）.

[31] 姚 瑶，周忠学．土地利用变化对生态系统服务功能的影响及其两者关系研究——以关中地区为例［J］．江西农业学报，2012，24（4）：163-167.

[32] 斯蒂格利茨．斯蒂格利茨经济学文集（1-6 卷）［M］．北京：中国金融出版社，2007.

[33] 马费成．信息经济学［M］．武汉：武汉大学出版社，1997.

[34] 孙伟，黄培伦．公平理论研究评述［J］．科技管理研究，2004（4）：102-103.

[35] 王秀兰，吴九兴．城乡交错区农地保护长效机制探讨［J］．商业时代，2007（14）：62-63.

[36] 闫启义，焦述鹏．城市化过程中的农地生态问题［N］．农民日报，2008-05-04.

[37] 任方红．农用地转用中土地生态补偿价值评估研究——以杨凌区为例［D］．杨凌：西北农林科技大学.2008.

[38] 国家统计局城市社会经济调查总队编．中国城市统计年鉴（1995—1999）[M]．北京：中国统计出版社．

[39] 周一星，史育龙．建立中国城市的实体地域概念 [J]．地理学报，1995，50（4）：289-301.

[40] 蒋芳，刘盛和，袁弘．北京城市蔓延的测度与分析 [J]．地理学报，2007，62（6）：649-658.

[41] 世界银行．中国：空气、土地和水——新千年的环境优先领域 [M]．北京：中国环境科学出版社．

[42] 徐宪立，蔡玉梅，张科利等．耕地资源动态变化及其影响因素分析 [J]．中国人口·资源·环境，2005，15（3）．

[43] 汪子一，毛德华．城乡结合部的农地保护初探 [J]．科技创新导报，2008（4）：159-160.

[44] 李燕琼，嘉蓉梅．城市化过程中土地征用与管理问题的理性反思——对我国东、中、西部1 538个失地农户的调查分析 [J]．经济学家，2006（5）：84-90.

[45] 李维宁．我国城市土地增值及其计算 [J]．中南财经大学学报，1992（4）：85-89.

[46] 陈顺清．城市增长与土地增值的综合理论研究 [J]．地球信息科学，1999（6）：12-18.

[47] 周诚．关于农地征用补偿问题 [J]．中国土地，2004（5）：23-24.

[48] 宋维念．近30年来渭河关中地区土地利用时空格局的遥感分析 [J]．中国土地科学，2012，26（2）：56-61.

[49] 许恒周，郭忠兴．非农化过程中农地非市场价值损失及其空间差异研究——以江苏省为例 [J]．地域研究与开发，2010（6）：119-123.

[50] 鲁渊平，杜继稳．气候变化与城市发展对城市气象灾害的影响与对策 [J]．灾害学，2008，23（S1）：7-10.

[51] 姜作培．城市化进程中农民市民化问题研究 [J]．城市评论，2003

（2）.

[52] 谢高地，鲁春霞等．青藏高原生态资产价值 [J]，自然资源学报，2003（3）：189-196.

[53] 吴克宁，王秀丽，关小克，等．区域生态服务功能价值的变化——以郑州市郊区为例 [J]．城市环境与城市生态．2007，20（4），24-27.

[54] 赵可，张安录，徐卫涛．中国城市建设用地扩张驱动力的时空差异分析 [J]．资源科学，2011，33（5）：935-941.

[55] 郭霞．我国农用地价值构成及评估方法研究 [D]．武汉：武汉大学．2005.

[56] 钱紫华，陈晓键．西安城市边缘区空间扩张研究 [J]．人文地理，2005（3）：54-58.

[57] 牛俊蜻，吕园，刘科伟．城市规划视角下西安市主城区住宅空间结构演变研究 [J]．人文地理，2011（4）.

[58] 王卫东．西安土地市场分析 [EB/OL]，http：//sx.house.sina.com.cn，2008-03-18.

[59] 张安录，杨钢桥．美国城市化过程中农地城市流转与农地保护 [J]. 中国农村经济，1998（11）：74-80.

[60] 谭荣，曲福田．中国农地非农化与农地资源保护：从两难到双赢 [J]．管理世界，2006（12）：50-66.

[61] 张晓红．日本农地制度中关于农地保护的政策及对我国的启示 [J]. 大众科学，2007（9）：120-122.

[62] 韩冰华．战后日本农地非农化之启示 [J]．江汉大学学报，2005，22（3）：37-40.

[63] 郭红东．日本扩大农地规模经营政策演变及启示 [J]．学习月刊，2004（5）：34-35.

[64] 华彦玲，施国庆，刘爱文．国外农地流转理论与实践研究综述 [J]. 世界农业，2006（9）：10-12.

[65] 林燕华，毛良祥．我国城市用地扩张与土地集约利用［J］．国土与自然资源研究，2008（3）：27-29.

[66] 刘丽．印度的土地审批制度及其相关问题［J］．国土资源情报，2006（11）：22-28.

[67] 牛若峰．农业与发展［M］．杭州：浙江人民出版社，2000.

[68] 孙陶生．论我国农地保护的目标选择与现实途径［J］．平顶山师专学报，2003（4）：1-6.

[69] 邹农俭．中国农村城市化研究［M］．南宁：广西人民出版社，1998．

[70] 李元．中国土地资源（第 1 卷）［M］．北京：中国大地出版社，2000．

[71] 张晓松．每周经济观察：尽快扼制基本农田减少趋势［EB/OL］. http：//www. southcn. com/news/china/zgkx/200510230139. htm，2005-10-23.

[72] 蔡运龙，傅泽强，戴尔阜．区域最小人均耕地面积与耕地资源调控［J］．地理科学，2002，57（2）：0127-0134.

[73] 陈锡文．2006 年我国农村群体性事件明显减少［N］．中国青年报，2007-01-31.

[74] 王力宾．中国大城市土地增值问题研究—对昆明市城区土地增值的实证分析［J］．云南财贸学院学报，2002，17（1）：82-87.

[75] 陈波翀，郝寿义．征地补偿标准的经济学分析［J］．中国农村观察，2004（6）：34-40.

[76] 王炳春，我国农地资源利用管理初探［J］．农机化研究，2008（9）：21-23.

[77] 李秀彬．中国近 20 年来耕地面积的变化及其政策启示［J］．自然资源学，19994（4）：329-333.

[78] 曲福田，冯淑怡．中国农地保护及其制度研究［J］．南京农业大学学报，1998（2）：110-115.

[79] 贺晓英，李世平．美国农地保护方发及其借鉴［J］．中国土地科学，2009（1）：76-80

[80] 郭振英，张泰，雷世俊．论正确处理中央和地方的关系［J］．管理世界，1996（3）：25-31

[81] 王珺．增长取向的适应性调整：对地方政府行为演变的一种理论解释［J］．管理世界，2004（8）：53-60

[82] 高强．农户经营兼业化探析—对西北地区农户经营的思考［J］．经济问题，1995（5）：20-23.

[83] 张良悦，师博，刘东．城市化进程中农地非农化的政府驱动＿基于中国地级以上城市面板数据的分析［J］．当代经济科学，2008，30（3）：33-41.

[84] 贺雪峰．新乡土中国-转型期乡村社会调查笔记［M］．南宁：广西师范出版社，2003.

[85] 赵阳．对农地再分配制度的重新认识［J］．中国农村观察，2004（4）：22-30.

[86] 姜海．转型时期农地非农化机制研究［D］．南京．南京农业大学，2006.

[87] 张凤荣，薛永森．中国耕地的数量与质量变化分析［J］．资源科学，1998，20（5）：32-39 .

[88] 钱安桉，郭忠兴．农地发展权的设立和细化研究［J］．农业经济，2008（11）：40-42.

[89] 丁成日．城市“摊大饼”式空间扩张的经济学动力机制［J］．规划研究，2005，29（4）：56-60.

[90] 张安录．可转移发展权与城乡生态经济交错区农地城市流转控制［J/OL］. http：//www. lrn. cn/economic/landeco/200702/t20070212＿32839. htm，2007-2-12.

[91] 王万茂．土地利用规划学［M］．北京：中国大地出版社，2000.

[92] 马祖．从“城市蔓延”到“理性增长”——美国土地利用方式之转

变［J］．城市问题，2007（10）：86-90

［93］张飞．中国农地非农化中政府行为研究——基于中央与地方政府间博弈的分析［D］．南京：南京农业大学，2006.

［94］孙海兵．农地外部效益研究［D］．武汉：华中农业大学，2006：87.

［95］中国土地资源生产能力及人口承载量研究课题组．中国土地资源生产能力及人口承载量研究［M］．北京：中国人民大学出版社，1992：14-16．

［96］党国英．关于建立我国“农业保护区制度”的建议［N］．中国国土资源报，2013-12-04 09：34：01．

［97］臧俊梅，王万茂．农地发展权的设定及其在中国农地保护中的运用——基于现行土地产权体系的制度创新［J］．中国土地科学，2007，21（3）：44-50.

［98］王湃．农地城市流转的选择价值：理论、方法及其运用［D］．武汉：华中农业大学．2010.

［99］郑兴明．城镇化过程中的农民土地退出机制［D］．福州：福建农林大学，2012.

［100］洪敏，金凤君．紧凑型城市土地利用理念解析及启示［J］．中国土地科学，2010，24（7）：10-13.

［101］海道清作．紧凑型城市的规划与设计［M］．北京：中国建筑工业出版社，2011.

［102］吕宾，谭文兵，杨景胜，张萌．创新技术模式，节约土地资源［J］．国土资源导刊，2014（2）：50-51.

［103］喻忠磊，杨新军，石育．中关中地区城市干旱脆弱性评价［J］．资源科学，2012，34（3）：581-588.

［104］朱晓华，张金善．中国耕地资源动态变化剖析［J］．国土资源管理，2005（4）：4-8．

［105］黄宁生．广东耕地面积变化的空间分布特征及其与经济、人口增

长的关系 [J]．热带地理，1999 (1)：29-34.

[106] 唐常春，陈烈，魏成．大都市边缘区域耕地数量变化的时空特征及动力机制——以广州市花都区为例 [J]．资源科学，2006，28 (5)：43-49.

[107] 马秀鹏．耕地非农化的经济驱动因素实证分析-以合肥市为例 [J]. 安徽农业大学学报，2008，35 (1)：149-152.

[108] 张宏斌，贾生华．土地非农化调控机制分析 [J]．经济研究，2001 (12)：50-54.

[109] 诸培新，曲福田．耕地资源非农化配置的经济学分析 [J]．中国土地科学，2002，16 (5)：14-17.

[110] 钱忠好．中国农地保护：理论与政策分析 [J]．管理世界，2003 (10)：60-70.

[111] 中国城市发展报告编辑委员会．中国城市发展报告 (2005) [M]. 北京：中国城市出版社，2006：38 .

[112] 孙圣军，刘芳．农地非农化的经 济学分析 [J]．国土资源科技管理，2006 (1)：95-99.

[113] 黄广宇，蔡运龙．城市边缘带农地流转驱动因素及耕地保护 [J]. 福建地理科学，2002，17 (1)：6-9，27.

[114] 曲福田，吴丽梅．经济增长与耕地非农化的库兹涅茨曲线假说及验证 [J]．资源科学，2004，26 (5)：61-67.

[115] 蔡银莺，张安录．耕地资源流失与经济发展的关系分析 [J]．中国人口·资源与环境，2005，15 (5)：52-57.

[116] 李永乐，吴群．经济增长与耕地非农化的 Kuznets 曲线验证——来自中国省际面板数据的证据 [J]．资源科学，2008，30 (5)：667-672.

[117] 王万茂．土地资源部门间分配与耕地保护 [J]．中国土地科学，1997 (2)：23-27.

[118] 贾绍凤，张豪禧，孟向京．我国耕地变化趋势与对策再探讨 [J].

地理科学进展，1997，16（1）：24-30.
[119] 刘书楷．论土地使用管制——土地用途管制和耕地保护与中国社会经济可持续发展［J］．中国土地科学，1997，11（6）：10-13.
[120] 王雅鹏，杨涛．试论农地资源的稀缺性与保护的必要性［J］．调研世界，2002（9）：18-22，42.
[121] 王家梁．农地保护利用与土地使用管制［J］．中国土地科学，1998，12（6）：1-5.
[122] 蔡运龙．中国农村转型与耕地保护机制［J］．地理科学，2001，21（1）：1-6.
[123] 侯东民，段成荣，王美艳．关于调整我国“耕地动态平衡”概念、做法及其相关问题的探讨［J］．中国农村经济，2000（10）：60-65.
[124] 丁洪建，吴次芳，梁留科．耕地保护理念的创新研究［J］．中国土地科学，2002，16（4）：14-19.
[125] 周小萍，卢艳霞，文俊．中国耕地保护理念创新及其实施框架分析［J］．北京师范大学学报（哲学社会科学版），2007（3）：137-142.
[126] 高魏，胡永进．耕地保护理论研究［J］．农村经济，2004（6）：14-16.
[127] 姜文来．粮食安全与耕地资源保障［J］．世界环境，2008（4）：40-42.
[128] 吴群，郭贯成．城市化水平与耕地面积变化的相关研究-以江苏省为例［J］．南京农业大学学报 2002，25（3）：95-99.
[129] 宋戈，吴次芳，王杨．城镇化发展与耕地保护关系研究［J］．农业经济问题，2006（1）：64-67.
[130] 朱莉芬，黄季焜．城镇化对耕地影响的研究［J］．经济研究，2007（2）：137-145.
[131] 吴次芳，谭永忠．制度缺陷与耕地保护［J］．中国农村经济，

2002（7）：69-73.

[132] 翟文侠，黄贤金．我国耕地保护政策运行效果分析［J］．中国土地科学，2003（2）：8-13．

[133] 潘明才．耕地保护制度和相关政策［J］．资源产业，2001（6）：7-10.

[134] 王万茂，余庆年，赵登辉．耕地总量动态平衡的实施途径构想［J］．中国人口·资源与环境，2001（3）：62-67．

[135] 张凤荣．重在保持耕地生产能力——对新形势下耕地总量动态平衡的理解［J］．中国土地，2003（7）：13-15.

[136] 朱德举，俞文华，孙宪海．城市扩张与农田保护政策［J］．中国土地科学，1996，10（6）：36-37.

[137] 钱忠好，曲福田．中国土地征用制度：反思与改革［J］．中国土地科学，2004（5）：5-11.

[138] 黄祖辉，汪晖．非公共利益性质的征地行为与土地发展权补偿［J］．经济研究，2002（5）：66-71.

[139] 周其仁．中国农村改革：国家与所有权关系的变化［J］．管理世界，1995（3）（4）：28-40，23-31．

[140] 蔡运龙．耕地非农化的供给驱动［J］．中国土地，2002（7）：20-22.

[141] 王小映．全面保护农民的土地财产权益［J］．中国农村经济，2003（10）：9-16.

[142] 陈利根，陈会广．土地征用制度改革与创新：一个经济学分析框架［J］．中国农村观察，2003（6）：40-47.

[143] 陈波翀，郝寿义．征地补偿标准的经济学分析［J］．中国农村观察，2004（6）：34-39.

[144] 孙海兵，张安录．农地外部效益保护研究［J］．中国土地科学，2006，20（3）：9-13．

[145] 沈守愚．浅议土地用途管制的有关法律问题［J］．中国土地，

1998（1）：27-29.

[146] 黄贤金，王静，濮励杰等．区域土地用途管制的不同方式［J］．南京大学学报（自然科学版），2003，39（3）：411-422.

[147] Hall，C.，McVittie，A.，& Moran，D. What does the public want from agriculture and the countryside? A review of evidence and methods［J］. Journal of Rural Studies，2004，20（2）：211-225.

[148] Furuseth，O. & Pierce，J. A comparative analysis of farmland preservation programmes in North America［J］. Canadian Geographer，1982，26：191-206.

[149] Lapping，M.，Daniels，T.，& Keller，J. Rural planning in the United States［M］. New York：Gilford，1989.

[150] Nickerson，C. & Hellerstein，D. Protecting rural amenities through farmland preservation programs［J］. Agricultural and Resource Economics Review，2003，32（1）：129-144.

[151] Joshua M. Duke，Lori Lynch. Farmland Retention Techniques：Property rights implications and Comparative Evaluation［J］. Land Econ，2006，82（2）：189-213.

[152] Luther Tweeten. ComPeting for Searce Land：Food Security and Farmland Preservation［R］. Anderson Chair Oceasional Paper ESO2385，1998.

[153] Bernstein，J.，Cooper，J.，Claassen，R. Agriculture and the environment in the United States and EU. In M. Normile & S. Leetmaa（Coordinators），U. S.-EU Food and Agriculture Comparisons. Economic Research Service［R］. U. S. Department of Agriculture. Agricultural Economic，WRS-04-04，2004

[154] Lynch，L. and J. E. Carpenter，Is there evidence of a critical mass in the Mid-Atlantic agricultural sector between 1949 and 1997?［J］. Agric and Resource Econ Rev，2003，32（1）：116-28.

[155] Geoghegan, J, L. Lynch, and S. Bucholtz. Capitalization of Open Spaces: Can Agricultural Easements Pay for Themselves? [J]. Agric and Resource Econ Rev2003, 32 (1): 33-45.

[156] Lester R. Brown. Who will feed china? Wake up from a small planet [M] . Washington, D. C: Worldwatch Institute, 1995 .

[157] Smil, V. Who will feed China? [J] . The China Quarterly, 1995 (143): 801-813.

[158] Smil, V. Research notes FChina's agricultural land [J] . The China Quarterly, 1999, 158: 414-429.

[159] Alexandratos, N. China's projected cereals deficit in a world context [J] . Agricultural Economics , 1996 (15): 1-16.

[160] Erik Lichtenberg, Chengri Ding, Assessing Farmland Protection Policy in China [J] . Land Use Policy, 2008, 25 (1): 59-68.

[161] Zhang, Xiaobo, T Iimothy D. Mount , and Richard N. Boisver, Industrialization, Urbanization and Land Use in China [J] . Journal of Chinese Economic and Business Studies, 2004 (2): 207-224.

[162] Mark W. Skinnera, Richard G. Kuhnb, Alun E. Joseph. Agricultural land protection in China: a case study of local governance in Zhejiang Province [J] . Land Use Policy, 2001, (18) : 329-340.

[163] Karen C. Seto; Robert K. Kaufmann. Modeling the Drivers of Urban Land Use Change in the Pearl River Delta, China: Integrating Remote Sensing with Socioeconomic Data [J] . Land Economics, 2003, 79 (1): 106-121.

[164] Raleigh Barlowe. Land resource economics [M] . N. J, U. S. A: Prentice hall, 1986.

[165] Erich W. Zimmerman. World resources and industries [M] . New York: Harper&Row publishers, 1951.

[166] Cf Siegfried V. Ciriacy. Resource Conservation [M] . Berleley: U-

niversity of California Press，1952.

[167] Platt，R. H.. The Farmland Conversion Debate [J] . Professional Geographer 1985，37 (4)：433-42.

[168] Arthur C. Nelson. Preserving prime farmland in the face of urbanization lessons from Oregon [J] Journal of the American Planning Association，1992，58 (4)：467-478.

[169] Praesto，John，ed. This abundant land [M] . Princeton，NJ：Dow Hones Books，1975.

[170] Berry，David. Effects of urbanization on agricultural activities [J]. Growth and Change，1978，9 (3)：2-8.

[171] Keene，John C. et al. Untaxing open space [M] . Washington，DC：Council on environmental quality，1975

[172] American farmland trust (AFT) . Saving American Farmland：What works [M] . Northampton，MA，1997：3-5.

[173] United States Department of Agriculture (USDA) . "National，State，and Local land preservation Program" . [EB/OL]. http：//www. csrees. usda. gov/nea/nre/in _ focus/ere _ if _ preserve _ programs. html，2005.

[174] Daniels，Tom and Deborah Bowers. Holding our ground：protecting America's farms and Farmland [M] . Washington，D. C：Island Press ，1997.

[175] Land Trust Alliance. [EB/OL] . http：//www. lta. org，2005-11-23.

[176] Thomas L. Daniels. Farmland Preservation Policies in the United States：Successes and Shortcomings [EB/OL] . http：//repository. upenn. edu/cplan _ papers/24，2004.

[177] American Farmland Trust (AFT) . PACE：Status of state and local programs. American Farmland Trust fact sheet [M].

Northampton, MA , 2004.

[178] USDA Natural Resource Conservation Service. LESA system design and uses [EB/OL] . http: //www. nrcs. usda. gov/programs/lesa.

[179] American Farml and Trust (AFT) . Transfer of Development Rights: Fact sheet, 2001. b [M] . Washington, D. C , 2001.

[180] Growing new farmers Consortium. Massachussetts farm viability Enhancement Program [EB/OL] . http: //www. growingnewfarmers. org/, 2003.

[181] American Farmland Trust (AFT) . The farmland protection toolbox. Farmland Information Center Fact Sheet [J/OL] . http: //www. farmland. org , 2002.

[182] Joshua M. Duke, Lori Lynch. Farmland Preservation Techniques: Identifying New Options. University of Delaware [C] . FREC Research Report No. 03-02, 2003.

[183] Erik Lichtenberg & Chengri Ding, Assessing Farmland Protection Policy in China [J] . Land Use Policy, 2008, 25 (1): 59-68.

[184] Solomon, Barry. Farmland protection: a case of quality Not Quantity [J] . Land Use Policy , 1984, 1 (4): 357-366.

[185] Alterman, R. The challenge of farmland preservation: Lessons from a six nation comparison [J] . Journal of the American Planning Association, 1997, 63 (2), 220-243.

[186] Bunce, M. Thirty years of farmland preservation in North America: discourses and ideologies of a movement [J] . Journal of Rural Studies, 1998, 14 (2): 233-247.

[187] Hofmann, N. , Filoso, G. , & Schofield, M. The loss of dependable agricultural land in Canada [EB/OL] . Rural and small town Canada analysis bulletin. Statistics Canada, 2005, 6 (1) . http: //www. statcan. ca: 8096/bsolc/english/bsolc? catno = 21-006-

X&CHROPG=1.

[188] Friedberger，M. The rural-urban fringe in the late twentieth century [J] . Agricultural History，2000，74 (2)：502-514.

[189] Sullivan，W. Perception of the rural-urban fringe：citizen preferences for natural and developed settings [J] . Landscape and Urban Planning，1994，29：85-101.

[190] Heimlich，R. & Anderson，W. Development at the urban fringe and beyond：impacts on agriculture and rural land [C] . Economic Research Service，U. S. Department of Agriculture. Agricultural Economic Report No. 803. 2001.

[191] Barnard，C.，Wiebe，K.，& Breneman，V. Urban influences：Effects on U. S. farmland markets and value. In C. B. Moss & A. Schmitz. Government Policy and Farmland Markets：The Maintenance of Farmer Wealth [M] . Iowa：Iowa State Press，2003：319-341.

[192] Gayler，H. Agritourism developments in the rural-urban fringe：the challenges to land-use and policy planning in the Niagara Region [C] . Ontario. In K. Beesley，H. Millwood，B. Ilbery & L. Harrington (Eds.)，The new countryside：geographic perspectives on rural changes. Brandon，MB：Brandon University and Saint Mary's University，2003，179-196.

[193] Burchell，Robert，David Listokin，et al. Costs of Sprawl Revised：the Evidence of Sprawl′s Negative and Positive Impacts [M]. Transit Cooperative Research Program (TCRP) . Washington，D. C.：National Academy Press，1998.

[194] Chris Couch，Lia Leontidou，Gerhard Petschel. Urban Sprawl in Europe：land-use change&policy [M] . Oxford：2007.

[195] Greene，R. P.，J. Stager. Rangeland to cropland conversions as re-

placement land for prime farmland lost to urban development [J]. Social Science Journal，2001，38 (4)：543-555.

[196] Caldwell，W.，& Dodds-Weir，C. Literature Review，rural non-farm development：its impact on the viability and sustainability of agricultural and rural communities [C]. Ontario Farmland Trust：University of Guelph，2003.

[197] Sullivan，W.，Anderson，O.，& Lovell，S. Agricultural buffers at the rural-urban fringe：an examination of approval by farmers，residents，and academics in the Midwestern United States [J]. Landscape and Urban Planning，2004 (69)：299-313.

[198] Bradshaw，T.，& Muller，B. Impacts of rapid urban growth on farmland conversion：Application of new regional land use policy models and geographical information systems [J]. Rural Sociology，1998，63 (1)：1-25.

[199] Bryant，Christopher R.，Johnston，Thomas R. R. Agriculture in the City's Countryside [M]. Toronto：University of Toronto Press，1992.

[200] Lehman，T. Public values，private lands：farmland preservation policy，1933-1985 [M]. Chapel Hill：The University of North Carolina Press，1995.

[201] Berry，D. Preservation of open space and the concept of value [J]. The American Journal of Economics and Sociology，1976 (35)：113-124.

[202] Gardner，B. D. The economics of agricultural land preservation [J]. American J of Agric Econ，1977，59 (5)：1027-1036.

[203] Wolfram，G. The sale of development rights and zoning in the preservation of open space：Lindahl equilibrium and a case study [J]. Land Econ，1981，57 (3)：398-413.

[204] Fischel, W. The Economics of Zoning Laws: A Property Rights Approach to American Land Use Controls [M] . Baltimore, MD: Johns Hopkins University Press, 1985.

[205] McConnell, K. E. The optimal quantity of land in agriculture [J]. Northeastern Journal of Agric and Resource Econ, 1989 (18): 63-72.

[206] Bromley, D. W. , and I. Hodge. Private property rights and presumptive policy entitlements: Reconsidering the premises of rural policy [J] . European Rev of Agric Econ, 1990, 17 (2): 197-214.

[207] Lynch, L. and W. N. Musser. A relative efficiency analysis of farmland preservation programs [J] . Land Econ , 2001, 77 (4): 577-594.

[208] Duke, M. and R. Aull-Hyde. Identifying public preferences for land preservation using the analytic hierarchy process [J] . Ecological Econ , 2002, 42 (1-2): 131-145.

[209] Hellerstein, D. , Nickerson, C. , Cooper, J. , Feather, P. , Gadsby, D. , Mullarkey, D. , et al. Farmland protection: the role of public preferences for rural amenities [C] . Economic Research Service, U. S. Department of Agriculture. Agricultural Economic Report (815), 2002.

[210] Halstead, J. Measuring non-market demand value of Massachusetts's agricultural land: a case study [J] . Journal of Northeastern Agricultural Economics Council, 1984, 13 (1): 12-19.

[211] Bergstrom, John C. , B. L. Dillman, et al. Public Environmental Amenity Benefits of Private Land: The Case of Prime Agricultural Land [J] . Southern Journal of Agricultural Economics. 1985, (7):

139-149.

[212] Beasley, Steven D. , William G. Workman, Nancy A. Williams. Estimating Amenity Values of Urban Fringe Farmland: A Contingent Valuation Approac [J] . Growth and Change. 1986: 70-78.

[213] Furuseth, O. Public attitudes toward local farmland [J] . Growth and Change, 1987, (18): 49-61.

[214] Variyam, J. , Jordan, J. , & Epperson, J. Preferences of citizens for agricultural policies: evidence from a national survey [J]. American Journal of Agricultural Economics, 1990, 72 (2): 257-267.

[215] Ready, R. , Berger, M. & Blomquist, G. Measuring amenity benefits from farmland: hedonic pricing vs. contingent valuation [J]. Growth and Change, 1997, 28 (4): 438-458.

[216] Krieger, D. Saving open spaces: public support for farmland protection [C] . Centre for Agriculture in the Environment, working paper series wp99-1 , 1999.

[217] Boyle, K. , Peterson, R. , Aheran, M. , et al. Improved information in support of a national strategy of open land polices [C]. Summary of focus group findings (Summer 2000: Staff paper) Maine Agricultural and Forest Experiment Station, 2001.

[218] Duke, J. & Aull-Hyde, R. Identifying public preferences for land preservation using the analytic hierarchy process [J] . Ecological Economics, 2002, (42): 131-145.

[219] Bowker, J. M. and D. D. Didychuk. Estimation of the Nonmarket Benefits of Agricultural Land Retention in Eastern Canada [J]. Agricultural and Resource Economics Review, 1994 (10): 218-225.

[220] Pruekner, J. Agricultural landscape cultivation in Austria: An application of the CVM [J] . EuroPean Review of Agricultural Eeo-

nomics，1999，22（2）：173-190.

[221] Drake，J. The non-market value of the Swedish Agricultural landscape [J] . European Review of Agricultural Economics，1992，19（3）：351-364.

[222] Kline，J. & Wichelns，D. Using referendum data to characterize public support for purchasing development rights to farmland [J]. Land Economics，1994，70（2），223-233.

[223] Kline，J. & Wichelns，D. Public preferences regarding the goals of farmland preservation programs [J] . Land Economics，1996，72（4）：538-549.

[224] McLeod，D.，Woirhaye，J.，& Menkhaus，D. Factors influencing support for rural land use control：a case study [J]. Agricultural and Resource Economics Review，1999，28（1）：44-56.

致　　谢

本书是在我博士论文工作的基础之上，加上近几年持续课题研究的结果，整理和修改完成的。一路坚持走来，艰辛和喜悦交织相伴，最想做的便是衷心感谢那些在这个艰难历程中带给我诸多感动和帮助的人们。

首先要感谢我的导师，西北农林科技大学李世平教授，他以严谨的治学态度、宽厚的胸怀和对学生的无私支持，感动也激励着我认真地进行扎实的研究，为本书得以面世提供了坚实的基础。同时也要感谢2007年10月至2008年10月在留美学习期间，美国马里兰大学农业资源与经济系的McConnel教授、Lichtenberg教授、Lori教授对我的研究选题提供了很多启发，也对我的研究提供了很多的帮助。同时要感谢我于2015年1月至2016年1月的一年访学期间，新墨西哥州立大学农业经济与管理系的Frank Ward教授，给予的热情帮助与指导。

感谢陕西省科技厅软科学研究计划-面上项目《陕西省农村闲置住房治理的制度安排研究》（编号

2015KRM071）和陕西省教育厅专项科研计划项目《城镇化过程中的农民土地退出机制研究》（编号13JK0150）的资助，为研究工作的顺利开展提供了有利的条件。

另外，也感谢西安工业大学经济管理学院的同事们，为我提供了进一步研究的良好环境。感谢硕士生、本科生参与了课题研究过程中的调研、资料整理等工作。感谢我的家人的无私支持与时刻关心。

衷心感谢在研究工作中，给我提供帮助和支持的朋友们、师长们，使我在诸多艰难中体验到太多的欢乐和喜悦。

贺晓英

2015 年 5 月